The Best Quotes of
BASHAR
creating miracle in your life

本文
バシャール
Bashar

バシャールのワクワクの使い方
実践篇

監修
本田 健
Ken Honda

VOICE

世界は変わりません。
あなたが変わるのです。
（未来は、えらべる！ P164）

目次

第2章 ワクワクを見つける

第3章 ワクワクを演じる

第4章 ワクワクで豊かになる

無条件の愛を生きる　250

はじめに

このたび、バシャールとコラボレーションした3冊目の本をお届けできることになり、大変うれしく思っています。今回は、1冊目であるバシャールとの対談集である『未来は、えらべる！』（ヴォイス刊）、2冊目のバシャールのこれまでの発言から、私たちの心に響く言葉の数々を集めた『人生に奇跡を起こすバシャール名言集』（ヴォイス刊）に続き、本書では、バシャールの一番大切なメッセージである〝ワクワク〟をテーマに、どのようにワクワクを使いこなせばお金と豊かさを得られるのか、についてまとめてみました。

あなたは、どれだけワクワクしながら毎日を過ごしていますか？

もし、なんとなく退屈な日々を過ごしているのであれば、この本は、それを変えるきっかけになるでしょう。また、あなたがすでに今ワクワクしているのであれば、今日を境に、そのワクワクの度合いは、誰にも止められなくなるぐらい、もっとパワフルなものになっていくと思います。

今、あなたが手にしている本は、とてもユニークな方法で書かれています。この本は、バシャールという宇宙存在をダリル・アンカというアメリカ人のチャネラーがチャネリングしたものが書き留められたシリーズ本の中から、選りすぐりの言葉だけを選んだ、一風変わったメッセージ集です。特に、今回の本では、「ワクワクが〝お金と豊かさ〟をどのように導いてくれるのか」ということにフォーカスを当てた言葉や発言をセレクトしています。バシャールが語るシンプルかつパワフルなメッセージは、あなたの心の最も深いところに届くことになるでしょう。

例えば、この本を読んでいると、あなたは、小さい頃にずっと感じていたこと、大切にしていたことを数十年ぶりに、ふと思い出すかもしれません。また、途中まで読み進めて、それまでなんにも感じなかったのに、急に悲しくなったり、逆にうれしくなったりすることがあるかもしれません。もしくは、ただ、心静かにワクワクしている自分を発見する人もいることでしょう。そのような場合、それらの感情とどう向き合うかで、これからの人生は大きく変わってくるのです。

人は何かに直面したとき、大きく分けると、2つの反応を示すことが考えられます。その2つとは、〝ワクワク〟と〝恐れ〟と言っていいかもしれません。何か感情が出てきたことをきっかけに、「何かやってみよう！」と思う人と、「どうせ自分はダメだ！」と感じる人がいます。そのどちらも正しいのです。そんなとき、ネガティブな感情を感じたからといって、自分を責めたり、落ち込まないようにしましょう。なぜなら、どちらもあなたの姿だからです。

また、ワクワクしたからといって、有頂天にならないようにも注意しましょう。ワクワクしたり、恐れたりするとき、そこには感情的なエネルギーがあるだけで、それ以上のことは意味していないのです。

バシャールも80年代半ばに私たちの前に登場して以来、いろいろなところで語っていますが、あなたのワクワクや恐れの感情は、いわば〝人生のナビゲーションシステム〟のようなものなのです。あなたが怖いと感じたら、それは立ち止まって考えるタイミングであることを教えてくれています。また、あなたがワクワクするのならば、それは、進むべき方向で合っているということを意味しているのです。そんなときは、躊躇せずに、まっすぐにそちらの方向に進んでください。きっとそこから、何かが始まるはずです。

また、たとえワクワクにナビゲートされているのに気づいていても、「そんなこと言われても、怖すぎて進めません」と言う人もいるでしょう。そんなときは、急ブレーキがかかった状態にいる自分をイメージしてみてください。2、3回深呼吸しているうちに、だんだんほぐれてきます。そして、自然と動き出せる自分が見えてくるはずです。実は、ワクワクしすぎたり、怖くなって身動きが取れないときは、エネルギーがありすぎる状態なのです。そのようなときは、焦らずに、ちょっと小休止することで、その後は苦労や困難にぶつかることもなく、行きたい方向へスムーズに進むことができるのです。物事には、ベストなタイミングがあります。そのことを信頼して、自分の心のおもむく方向に、一歩を踏み出してください。そこから、あなたのワクワク人生がスタートします。

本書は、バシャールがずっと一貫して私たちに提案し続けている言葉、〝ワクワク〟について、改めてその言葉の意味を考え、見直してみるところから始まります。バシャールの意味するワクワクの定義をつかんだら、実際に〝ワクワク〟をどのように使いこなして人生に活かせばいいのか、どうすればワクワクすることからお金と豊かさを得られるのか、などについて、その方法をバシャールのメッセージと共に順を追ってワークしていく実践本です。けれども、バシャールの言葉は、いつどこででも、どんなときにも私たちの心に響くパワーを持っています。ですから、どこから読み進めていただいてもかまいません。あなたがぱらっとページを開いたところに必要なメッセージが書かれているかもしれません。人生に迷ったとき、何かのガイダンスが欲しいと思ったときは、ぜひ直感のまま、本書を開いてください。

では、ワクワクの旅を楽しんでください。
そして、あなたが望む豊かさを手にしてください。

第1章

ワクワクを振り返る

「ワクワクすることをやって生きたい！」

そう考える人は、年々多くなっている感じがします。

それは、今の時代において、ワクワクという言葉やメッセージがいろいろなところにあふれ、使われているからなのですが、実は、この言葉の源流は、バシャールにあるのです。そう、ワクワクという言葉はバシャールから始まった、といっても過言ではありません。

宇宙存在であるバシャールが私たちの前に登場して以来、約20年が経ちました。〝ワクワクすることの大切さ〟をはじめ、たくさんの教えやメッセージを届けてくれたバシャールによって人生が大きく変わったという人もたくさんいることでしょう。

そして今では、ワクワクの先駆者であるバシャール以降、あらゆる自己啓発やスピリチュアル関係のセミナーなどで、〝成功、豊かさへのキーワード〟として〝ワクワク〟という言葉が使われるようになっています。でも、ワクワクすることを行うべきだ、と頭では理解しているものの、本当の意味でワクワクすることを実際に実践できている人は、まだまだ少数派ではないでしょうか？

また、お金や豊かさについても、多くの人々が問題を抱えています。「お金のことを心配する日々を送っている」「豊かさには一生縁がないのではないだろうか？」などと思っている人は、もう一度、自分自身を振り返ってみるタイミングにきています。

また、「ワクワクしているはずなのに、その効果が今一つ感じられない」「ワクワクしているのに豊かさがやってこない」という人も、改めて自分のワクワクについてもう一度考えてみて欲しいのです。

なぜならば、あなたのワクワクは、きちんと使いこなせば、人生に奇跡を起こしてくれるはずなのです。本書を読み進めていくうちに、あなたは自然に、本来行くべき道を歩けるようになります。そして、その道の延長線上にライフワークだけでなく、お金や豊かさ、素敵な人間関係が現れてくるのを自分自身で体験できるはずです。

さあ、ワクワクというシンプルでありながら、奇跡をもたらす魔法の言葉を、今からひとつずつ紐解いていきましょう。

Ken's navigation

そもそも なぜ、ワクワクなのか?

まずは、「そもそも、なぜ、ワクワクすることがすべての鍵なのか?」「どうして、ワクワクがあなたの人生に豊かさや幸せをもたらすのか?」について見ていきましょう。

確かに、〝ワクワク〟という言葉からは、興奮するような楽しさ、気分のよさ、いきいきした感じ、ドキドキ感など前向きでポジティブなイメージが感じられます。でも、このワクワクがすべての鍵になることを理解している人は、意外に少ないのではないでしょうか。

バシャールの言う〝ワ・ク・ワ・ク〟の4文字にはどんなパワーが込められていて、どんな秘密があるのでしょうか?

バシャールの答えを見てみましょう。

質問（以下Q）：私たち人間に言いたいことはありますか？

バシャール（以下B）：自分がワクワクして、一番楽しいと思えることは実際にできるんだ、ということを伝えたいのです。

自分が望む方向に、人生を創ってゆけるパワーを一人ひとりが持っているのです。

私のことは必要ないということを教えたいのです。

あなた方にパワーをお返しするためにやってきました。

（BASHAR① P19）

誰もがその人だけの才能を持って生まれてきた

この宇宙全体にはたくさんの生命が存在し、
それらの生命は、たくさんの異なる表現方法を取っています。
でも、ひとつの共通した概念は、
それらはみな「大いなるすべて」のさまざまな表現の一形態であるということです。
みなさんは、ひとつの創造の意識、
自分自身でもある「大いなるすべて」の表現なのです。
どのような形の肉体を持っていようと、
各々の存在は、このひとつの宇宙意識が
自分自身を色々な表現方法で映し出す「鏡」なのです。
つまり、この宇宙意識の一側面が、個々の存在なのです。
みなさんは、無限の、ひとつのユニークな表現方法であり、ユニークな反映なのです。

一人ひとりの中に、その無限全体が含まれているといってもいいでしょう。
本質的に*ホロニックな存在なのです。
部分は、全体のすべての情報を含んでいます。
すなわち、部分はその中に全体を含んでいるのです。
みなさんは、**存在全体、またはその一部を色々な形、**
色々な方法で表現する方法を持っています。
一番ワクワクする表現方法で表現していく能力があります。
なぜなら、それがみなさんの**目的**だからです。
それが、**使命**なのです。
それが、生まれ持った権利なのです。
あるひとつの表現方法として、今回の人生に生まれ、
その人生を生きるための100%の才能を持っているのです。

それなのに、多くの人が
「ああ、私は今、自分の人生の目的が何であるかを探している」

「人生の意味を探している」

「なぜ、私はここにいるんだろう?」

「私はいったい何をしているのだろう」

と考えています。

こうした問いに対する答えは、

「あなたが一番ワクワクすることをやりなさい」

ということなのです。


(BASHAR⑥P211〜213)

*ホロニック (holonic)
個々には異質な要素が集合しているにもかかわらず、全体としては調和がとれているさま

この宇宙のたったひとつの法則
——自分の与えるものが、自分の受け取るもの

宇宙には、たったひとつの法則しかありません。
自分の与えるものが自分の受け取るもの。
これだけです。
自分の現実の中で体験するすべては、完全に自分自身なのです。
この物理的な現実は、文字通り、あなた自身でつくられています。
自分の意識でできているのです。
あなたの意識、創造（Creation）の中にあるすべての意識は、
大いなるすべて（All that is）に似せてつくられています。
ですから、あなたも自分自身を映し出す能力を持っているのです。
意識的に理解していようがいまいが、物理的な現実は、
どの瞬間もそれぞれの意識の波動が正確に映し出されているのです。
（BASHAR GOLD P26〜27）

Ken's Lesson

Basharule《バシャールール》 1

ワクワクは、私たち人間が持って生まれた幸せになるための万能の鍵です。私たちは、ワクワクするために生まれてきました。

あなたが心からワクワクすれば、人生の扉が開くのです。

ワクワクとは？

――豊かさを導くワクワクの定義

人生の目的は、〝自分が自分であることを最大限に表現する〟ということになります。

そして、そのためには、ワクワクすることが鍵であることもわかりました。

バシャールはワクワクをどのように定義しているのでしょうか。

Ken's navigation

「自分は誰か」という存在の表現、
波動が「ワクワク」です。
それがみなさんを導いていく信号に
なります。

（BASHAR③ P206）

ワクワクする気持ちとは、
肉体を通して翻訳されて伝わるメッセージのことです。
それは、「自分の選んだ道をちゃんと進んでいるかどうか」
ということを教えてくれるメッセージなのです。

（BASHAR①P71）

ワクワクする気持ち、
情熱に従って生きるということは、
「身につけることのできる
ひとつのスキル、能力」です。
（BASHAR2006 P13）

ワクワクは、あなたが誰であるかという証《あかし》

ワクワクという概念、ワクワクする気持ちがなぜ大切なのか。
私たちがこのワクワクをどのように定義しているのかをお話しすれば、
たぶんわかっていただけるでしょう。

では、定義をいいます。
ワクワクというのは、みなさんが一番高い波動で振動しているときに
肉体的に感じる体験です。
肉体的な体験から言うと、とてもエネルギーに満ちている感覚です。
それはまた、無条件の愛とも同義語でもあります。
そして、この一番高い波動は、
本当の自分自身ともっとも調和がとれているときの波動です。
だから、夢を実現するときはいつも、
一番ワクワクする道をたどることが大切なのです。

（BASHAR⑧P101）

ワクワクが教えてくれる3つのこと

ワクワクは、3つのことをあなたに教えてくれます。
ひとつめは、自分の道です。
ふたつめは、それは努力なしで出来るということです。
三つめは、それをやれば非常に豊かになれるということです。

（BASHAR①P71）

ワクワクはゴールへの近道

自分の目的や運命を見つけることは、
自分の本来の姿を発見するというプロセスです。
そして、ワクワクする気持ちやエネルギーは、
そのための道具や乗り物、ガイドになるのです。
このエネルギーは、**自分が何者で、自分の目的は何であるかを**
一番ラクな方法で探させてくれるのです。

（BASHAR⑧P103）

Ken's Lesson

Basharule《バシャールール》 2

ワクワクは、「あなたが誰であるか」ということを体全体で教えてくれるサインです。

あなたが情熱のままに生きることが、あなたのワクワクになります。

あなただけのワクワクを追いかけていくうちに、豊かさが自然にあふれ出します。

バシャールのワクワク・カウンセリング①

"ワクワク"というと、ついついラクなことを考えてしまう どうすればいいの?

Q：ワクワクするということをやるとなると、どうしてもついついラクなことをしようという風に考えてしまうのですが……。

B：もしあなたが、本当に自分でやりたいことをしていれば、エネルギーに満ちて、なまけたりするという考えは出てこないと思うのです。
なまけたりしたくなるというのは、自分がしたくないこと、または自分にはできないと思っていることに対する反応です。
ですから行動に移らないわけです。

（BASHAR⑤ P170〜171）

Ken's navigation

どうして、あなたは豊かになれないの?

お金に限らず、豊かさにはいろいろな形があります。

豊かになりたい、と願ってきたあなたは、いろいろなものを試してきたかもしれません。

例えば、ポジティブシンキングやビジュアライゼーション、ビジョンマップに風水、開運グッズ、etc。けれども、さんざん試してきたのに、思ったような結果が出ていない、という現状を嘆いている人も多いのではないでしょうか?

豊かさがやってこないのは、なぜでしょう?

本当のあなたじゃないと、宇宙はあなたを見つけられない

自分の欲しいもの、必要なものが入ってこないときは、
本当の自分を出していないときです。
ですから、宇宙では、どれを誰にあげたらいいのかまったくわからなくて、
ウロウロしてしまいます。
皆さんが本来の自分自身でないとき、
宇宙はあなたを見つけることができないのです。

（BASHAR③ P208）

豊かさを呼び込むことを自分で止めている

多くの人たちは、「大きな富を手に入れたい」と言います。
けれども、実は、大きな富を引き寄せないと思われるふるまいや考えを
選択し続けているのです。
「豊かさや富は良くないものなんだ」
「大金持ちというのは、とんでもなく堕落した人間なんだ」
とどこかで信じていたり、
育つ中で、そのように教え込まれてきたのかもしれません。
そして、そうなってしまうことへの怖れが
豊かになりたいという思いよりも強い場合、
あなたは堕落した人間にはなりたくないので、
富を遠ざけるような現実をつくりだしているのです。

（BASHAR2006 P182〜183）

Ken's Lesson

Basharule《バシャールール》 3

お金や豊かさが足りないと感じるとき、あなたは、「自分にはお金がなくていい」「自分は豊かにならなくていい」というメッセージを宇宙に送っています。

そして、宇宙がその“願い”に答えているだけなのです。あなたが、「自分は豊かだ」というサインを送れば、宇宙はそっくりそのまま、あなたにその願いを戻してくれます。

Ken's navigation

あなたは、ワクワクして生きてきましたか？

〝ワクワクする〟ということを頭では理解しているつもりだし、そう心がけたい。でも、バシャールの教えに素直に納得するような真面目な方ほど、自分だけのワクワクを追及することよりも、愛する家族や会社のために、いろいろな我慢をしてきたかもしれません。

それは、今の社会の在り方では模範的な生き方なのかもしれないのですが、義務感や責任、協調性や常識を大切にするあまりに、自分に制限をかけるような生き方だったのかもしれないのです。

この機会にもう一度、ワクワクして生きてきたかどうか、自分に問いかけてみましょう。

本当の自分ではないとわかっているものに、
一生懸命になろうとする必要はありません。
自分でないとわかっている型に
自分をはめる必要もありません。

（BASHAR⑤ P250）

「自分の人生には、困難なことばかりがある」
と思っているとき、それは、
自分がもっともワクワクすることをしていないときです。

（BASHAR GOLD P215）

嫌なことをやって生きているなら、百パーセント生きていない

「今の仕事をやめてしまったら、どうやって生きていこう？」

「嫌だけれども、じゃあ、どうやって生活すればいいんだ？」

今、あなたは実際には生きています。

自分の仕事を嫌って生きています。

それは、百パーセント生きていることにはなりません。


（BASHAR① P109）

しなければならないなら、〝あなた〟ではない

この世界では、小さい頃から何々しなければならない、というような
「ねばならない」ことをたくさん与えられてきました。
自然に自分に流れ込んできたアイディアに耳を傾けないで
社会の要請に合うようなものを探してきました。
でも、社会の期待に添うものを見つけても、
それは必ずしもあなたと一致するとは限りません。
なぜなら根本的に、あなた以外の人から与えられた答えだからです。
合うはずがありません。

（BASHAR③P201）

やりたくないことは、もうやらない

もうやりたくないということがあったなら、ただ単に気付くこと、
もうネガティブなことをしたくないと気付く。
ポジティブなことだけをする。
それに気付くだけでカルマの鎖を切ることができます。
カルマの鎖というのは、
自分が創り出したエネルギーの結果なのですから。

（BASHAR①P36）

Ken's Lesson

Basharule《バシャールール》 4

自分の気持ちにもっと素直になりましょう。やりたくないことを無理してやって生きていませんか？　もう「イヤなこと、ワクワクしないこと」から、卒業しましょう。

あなただけのワクワクは、「○○しなくてはならない」の影に隠れているのです。

義務感や役割といった重たい石を取り除いたら、そこには、キラキラしたものが見つかるはずです。

これから は、ワクワクしないと生きるのがつらくなる⁉

Ken's navigation

夢なんて叶うはずがない……とワクワクをあきらめてしまった人はいませんか？

人類の意識が高まり、思ったことが加速して叶う時代を迎えているということは、ワクワクしたことも即、結果が出る時代になったということです。

けれども、それは逆の場合にも言えるのです。

今、変化の時代を迎えています。
変化を加速させるために、
わざわざ否定的なものを
底から浮上させ
表面に出しているところです。
夜明け前の暗闇のようなものです。
エネルギーが非常に集中している時期です。
たくさんのものが分裂したり、

ひとつに集結したりしています。
混沌としているようですが、
混沌の中から秩序が生まれています。

（BASHAR⑤ P173〜174）

ハッピーでないと強いストレスを感じる時代に

私は、「自分の与えるものが、自分に返ってくる」と何度も繰り返してきました。

そして今、時代は加速しています。

だからこそ、みなさんが本当に望むもの以外を選択することが、非常に難しくなってきました。

疑い、恐れ、躊躇、癖、その他のいかなる理由にせよ、自分が真に望むもの以外のものを選択したとき、「本当に望む方向に行っていない」ことを教えるためにもっと困難な時代になったのです。

つまり、やりたくないことをすると、

あまりハッピーでない、よりストレスに満ちた状況を速く創り出してしまうのです。

あなたのすることが「自分が一番望んでいることではない」ということを教えるために、今の加速が起きています。

ワクワクすることに行動を起こさず、**躊躇すればするほど、物事がスムーズに運ばなくなります。**

日常生活に多くの混乱が起きてしまうのです。


（BASHAR⑥P171〜172）

ポジティブとネガティブ、どちらかの現実を選ぶ日が来る

２０１２年以降、この世界におけるポジティブとネガティブなリアリティの二極化はどんどん高まっています。

この流れにおいて、最初にまず、ネガティブなものごとを見ることになります。

表面に浮上してきたネガティブな現実を見ることによって初めて、それではどうなって欲しいのか理解し、ポジティブな選択ができるのです。

そして、自分の人生でどのようなエネルギーを表現したいのか、決断することができます。

しばらくの間は、ポジティブなエネルギーも
ネガティブなエネルギーも、両方経験できるでしょう。
けれども、近い将来、
ポジティブなエネルギーの人はポジティブな地球だけを、
ネガティブな人はネガティブな地球だけを見るようにシフトしていきます。
ポジティブな地球とネガティブな地球は、パラレル・リアリティのようになり、
2つのリアリティを同時に見ることはできなくなります。
ポジティブな地球とネガティブな地球を
同時に体験することはできなくなるのです。

パラレル・リアリティのすべてが、
「今、ここ」に重なって存在していますが、
どのリアリティを経験するかは、あなたの波動が決めるのです。

（バシャール　スドウゲンキ　P30〜32）

Ken's Lesson

Basharule《バシャールール》 5

変化が加速する今の時代には、ワクワクすることは、今までよりもずっと速く実現する時代になりました。

けれども一方で同時に、ワクワクしない生き方からくる困難やつらさも、すぐに自分の元に戻ってくるようになったのです。

自分が考えていること、意識を向けていることが、何倍にも大きく、速く戻ってくる時代を迎えた今、「自分は何を発信するのか」について、もっと注意を向けるようにしましょう。

それは、本当のワクワクだった？ニセ・ワクワクではなかったか？

Ken's navigation

自分ではワクワクしているつもりでも、思うように人生が展開していかないし、自分の夢に近づいていけていない……。

そんな思いを抱えている人も多いでしょう。

あなたのワクワクは、もしかしてニセ・ワクセクだったかもしれません、もしくは、ワクワクの意味を取り違えていた可能性もあります。

自分をカムフラージュするニセ・ワクワクもある

自分の情熱に従おうとすると、
欲求不満や罪悪感、恥ずかしさや怖れを感じたりすることがあります。
これらは、あなた本来の波動とずれることから生じています。
けれども、あなたはこれらの苦痛に対処する方法がわかりません。

それゆえに、あなたというパーソナリティは、
苦痛から逃げ、苦痛を避け、隠し、否定するのです。
そして、そのために肉体的な快楽を生み出すことがあります。
そして、このような快楽が
ワクワクする気持ちに従って生きることと混同されることがあるのです。
しかし、すでに気づいていると思いますが
この苦痛を隠すために生み出される快楽は仮面にすぎません。

自分の最高の情熱をスピリチュアルに表現しているのではなく、
フラストレーションから快楽を生み出しているのです。

（BASHAR2006 P52〜53）

ワクワクする方法でないとワクワクじゃない

「一番ワクワクすることをしてください」
と言うとき、それは
「一番ワクワクする方法でしてください」
ということも含まれているのです。
ワクワクすることをしながら、
それをワクワクする方法でしていないならば、
それは、一番ワクワクすることをしていることにはなりません。
これでは、バランスがとれていません。
自分がしたいことを、したい方法でするとき、
あなたは自然にバランスがとれるのです。

（BASHAR GOLD P70）

お金自体はワクワクではない

地球上の多くの人は、
「お金があればしたいことができる」
という考えにフォーカスしているために、
「あなたにとってもっとも情熱を感じることは何ですか?」
とたずねると、実際にしたいことを答えるのではなく、
やりたいことをするためにお金を手に入れること、と答えてしまうのです。
でも、その人が本当に情熱を感じているのは
「実際にお金を獲得すること」ではなく、
「もっとも情熱を感じる具体的な何かをすること」のはずです。
ですから、実現したいことのリストを作るときには、
お金を稼ぐための手段ではなく、具体的にやりたいことをあげてください。
お金を稼ぐことは単に手段であって、必ずしもワクワクではありませんよね。
（BASHAR2006P250）

本当のワクワクには、心の平安がある

ワクワクするからといっていつも走り回って、壁に飛び込む必要はありません（笑）。

ワクワクは、自分のバイブレーションに合ったことをやっている時の、非常に一定した状態をいいます。

自分にとって真実であることをやることで、心の平安も得られます。

（BASHAR②P252）

本当のワクワクは光になる

ワクワクの波動は、存在の基本的な波動です。
創造的な力です。
それは、自分がとてもパワフルであると感じられるものです。
また、**自分が他の人を輝き照らしていることがわかります。**
生きている光として、他の人を照らすことができるのです。

（BASHAR③ P208）

Ken's Lesson

Basharule《バシャールール》 6

本物のワクワクは、あなたが一番したいことを、正しいやり方でやっているときのワクワクです。

苦しみから逃げているときに感じる快楽としてのニセ・ワクワクには、だまされないでください！

真実のワクワクだけが、あなたを正しい場所へ導いてくれるのです。

バシャールのワクワク・カウンセリング②

2つのワクワクが矛盾!?
痩せることにワクワクするのに、食べることにもワクワクする
どうすればいいの?

Q：きれいに痩せて7号サイズの服を着ることにワクワクします。
でも、食べることも好きでワクワクするのです。
だから、ワクワクして食べると、逆に痩せることからは遠ざかってしまう、
この矛盾はどうすればいいでしょうか?

B：あなたは、自分のしていることが本当にワクワクすることなのかどうか、
常に確認し、選択する必要があります。
もしかしてあなたは、ワクワクよりも、

怖れの方にエネルギーを注いでしまっているのかもしれません。
あるいは、7号サイズになるということは、
あなたの本当のワクワクではないのかもしれません。
もしかして、少しふっくらしていた方があなたらしいのかもしれません。
どちらが自分のワクワクを本当に表現しているのか、方向性をはっきりさせましょう。

みなさんの中には、自分ではワクワクしていると思っていても
実はワクワクから逃げてしまっている、ということがあります。
なぜならば、快楽を感じている瞬間には、
自分のワクワクから逃げているという事実について考えなくてすむからです。

もしかしてあなたは、自分の中の満たされていない部分、
例えば、自分を本当の意味で愛していない、
などを食べ物で満たそうとしているのかもしれません。

まずは、自分に正直になりましょう。
そして、見たくないものから逃げるために食べ物を利用していないかどうか、
もう一度自分のことを見つめなおしてください。
大事なテーマに直面するのを避けるために快楽を感じようとしているのではないか、
よくよくチェックしてみてください。
そうすれば自分が理解できるでしょう。
そして、それが本当のワクワクかニセモノのワクワクか見極めることができます。
常に確認してください。

（BASHAR2006 P314〜316）

Ken's navigation

ワクワクを阻むモノ——あなたの「観念」「感情」「思考パターン」

ワクワクのルールを学ぶときに、必ず直面しなければならないもの、それが「ワクワクを阻むモノ」です。それらは、私たちの中に潜んでいる「観念」「感情」「思考パターン」です。

子供の頃からの刷り込みや思い込みからくる「観念」、そしてそれを元に生まれる恐怖や不安、疑いなどの「感情」、また、「思考パターン」などの要素です。

これらは、どうしてワクワクの実現の邪魔をするのでしょうか？

また、「感情」や「思考パターン」の元にもなる、すべてを生みだす「観念」をどのように発見して、対処していけばいいのでしょうか？

「自分には充分なお金がない」
という怖れを持っていると
それは怖れをベースにした信念なので、
ものごとはよくない方へ進むでしょう。

（バシャール　坂本政道　P220）

すべての痛み、苦しみ、病気は、
本来の自分になることに抵抗することから
生まれてきます。
自分自身が非常に疲れるのは、
本当の自然な自分に一生懸命抵抗しているからです。
（BASHAR③P211）

愛の反対語は「罪悪感」です。
私のいう罪悪感とは、
自分自身の存在そのものを否定する
罪悪感のことです。

（BASHAR④ P16）

人格をつくる3つの側面

三角形のプリズムと同じように、
みなさんの人格も3つの側面を持っています。
「観念」「感情」そして「思考パターン」この3つです。
観念は、現実の青写真のようなものです。
そして感情が青写真を活性化し、
思考パターンがその設計図に従って現実に実現化します。
ですから、観念が一番最初の概念です。

自分の感情、観念、そして思考パターンを変えた時、
その瞬間から自分自身が体験する「現実」も変わります。

（BASHAR④ P7〜9）

ワクワクと怖れは同じもの

「ワクワク」と「怖れ」は同じものです。
一方は肯定的な立場から、もう一方は否定的な立場から見たものです。
自分がひかれるエネルギーを信頼するとき「ワクワク」になります。
自分がひかれるエネルギーを疑うとき、それは「怖れ」になります。

（BASHAR③ P241）

怖れはきちんと対峙するまでやってくる

怖れとは、自分自身で見たくないものを、
いつまでも見ようとしない時にやってくるメッセージです。
それを聞かないようにしていると
より大きな声になってきて、より卑劣なやり方で
あなたの注意を引き付けるまでやります。

（BASHAR②P219）

集団意識に組み込まれた怖れ

子供の時から、あなた方の中には怖れが深く滲《し》みこんでいます。
何千年にもわたって、あなた方にはそういった観念が
社会全体の集団意識の中に組み込まれています。
つまり、「真実に直面するよりは、怖れていた方が楽だ」と
信じているわけです。
その観念を変えれば、何を見ているかにかかわらず
今、見ているものは変わります。

（BASHAR①P47）

思い込みがあなたをつくっている

自分に起きている状況を作ってしまった原因に
「自分は成功なんかしてはいけない。そんな価値のある人間ではない」
という思い込みがあります。
そこで最終的に気がつきます。
自分の先入観念こそが、まわりの世界に
「自分は成功には値しない人間なんだ」ということを見せつけていることを。

（BASHAR① P112）

人間が一番怖れていること——〝自分に価値はない〟と感じること

みなさんの種族に一番共通している感情、「怖れ」について話しましょう。
この世界で一番大きな怖れは
「自分の存在は本当は無価値である」という無価値観です。
この文明では自己否定というものが、一番大きな要素のようです。
（BASHAR④P13）

観念を特定して変容させ、感情を変えてゆく

最初に観念がなければ、感情は生まれません。
観念とは、「感情をつくるもの」と定義できます。

感情は、「自分と人生、自分と創造主との関係はこうに違いない」とあなたが信じている思い込みから生まれてくるのです。
たとえば、自分と創造主との関係に対して、
あなたが疑いや不安を持っていたとします。
疑いや不安は、真実の自分とつながっているときは持ち得ない感情です。
何よりも、こういったネガティブな感情を持つこと自体が、
そもそも、あなたが真実の自分からずれた観念を持っている、
ということを端的に表しているのです。

したがって、それらの感情に対処するためには、
自分で自分に訊けばいいのです。
「この感情を持つために、自分はどんな観念を持っていなければならないか」と。
このようにひとつひとつ理解していけばいいのです。

そうすれば、自分がどんな観念を抱いているか、探り当てることができます。
そして、**観念が見つけられれば、その性質や構造を理解することで**
それらを変容させることができるのです。
その後、**観念を新しくすれば、自ずと感情も変わってゆくでしょう。**

（未来は、えらべる！Ｐ57～58）

頭と心はひとつ

まず、最初の障害、この惑星上のたくさんの人々が持っている、
もっとも重要でもっとも強い観念は
「頭と心が分離している」というものです。

思い出してください。
みなさんはひとつの存在です。
頭（マインド、思考）と心（ハート、感覚、気持ち）はひとつのものです。
たとえ体の中で分離しているように見えていても。
体（ボディ）というのは比喩にすぎません。
心は頭の中にも存在します。
ちょうど頭が心の中に存在するのと同じことです。
瞑想などで、頭で感じ、心で考える練習をしてください。

頭で考え、心で感じる。
頭で感じ、心で考える。

このように交互に練習してください。
そうしていると、自分の思考（マインド）と
感覚（フィーリング）の整合性がとれて、
ひとつになります。
そして、それがどちらからやってきているのか、区別がつかなくなります。
あなたの思考と感覚が、なんの途切れもないひとつの存在、
全体から起こってくるまで、
これで練習してください。

（BASHAR⑦P52）

ニュートラルになる

人生でいろいろな出来事を体験したとき、
まず提案しているのは、ニュートラル（中立的）な状態に入る、
ということです。
ニュートラルな状態に入ると、現実を変えやすくなります。
ニュートラルな状態に入り、自分自身がその経験について
どのような観念を持っているのか、
どんなことを信じているのかを自問してみるのです。

（バシャール　スドウゲンキ P162）

意味を与えるのは、あなた

すべての状況は中立的で、空白で、空っぽでゼロです。

どんな状況でも、その中に含まれている意味はありません。

すべての意味はあなたが与えています。

その状況が、自分にとっていいか、悪いか、教えられたことに基づいてあなたが勝手に意味を与えています。

そしてその結果を自分で刈り取ることになります。

肯定的な意味を与えると、肯定的な結果が出てきます。

否定的な意味を与えると、否定的な結果が出てきます。


（BASHAR②P87）

現実は単純な力学

疑いを外に投げかけると、
疑いに満ちた現実が自分のまわりに寄ってきます。
後悔とフラストレーションと罪悪感がやってきます。
喜びを表現しているとき、その喜びを表現する機会が自動的に提供されます。
願望、エクスタシー、そして充実感。
これは純然たる物理学です。単なる力学なのです。

（BASHAR③ P245）

カルマさえも断ち切れる

自分が体験している真実というものすべては
「自分が創り出している」ということに気がつけば、
もうカルマ的な結びつきを信じる必要がないわけです。
自分が選ぶ、あるいは選ばない自由があるということに気付くと、
それがあなたのカルマを切ることにもつながります。

（BASHAR① P31）

性格は一瞬で変えられる

性格は、非常に人工的なものです。
毎瞬毎瞬、変わることができます。
性格は、「大いなる自己」の反映です。
投影しているだけなのです。
自分の中のある観念を投影しているのです。
自分の中の考えを変えれば、違った人間になれるのです。
毎瞬毎瞬、実はあなたは、まったく違う人間なのです。

（BASHAR④P139）

Ken's Lesson

Basharule《バシャールール》 7

ワクワクが実現しない！　そんなときには、心の奥深くにワクワクを邪魔する観念があることを疑ってみてください。

観念は、「自分にとって、こんな気持ちが出てくるのはなぜか？」という原因を探っていくことで書き換えることが可能です。

あなたの心のクセは、一瞬で変えられるのです。

バシャールのワクワク・カウンセリング③

精神的に成長したいのに、傷つきやすい自分どうすればいいの？

Q：かつては、困難なことに対して、自分が精神的に成長するのがワクワクすることだったのですが、疲れきってしまいました。

B：では、いま、ワクワクすることは何ですか？

Q：精神的に自立することです。でも、人に依存するタイプで傷つきやすかったりもするので……。

B：それは間違っていますよ。
あなたは、「自分は傷つきやすい」と信じることを選択しているだけです。
そういう観念を選択しているのです。
いろいろ一生懸命やるのはもう疲れた、と言うのでしたら、
まずは、「自分は傷つきやすい」と信じることを選択するのをやめてください。

もし、あなたが、「自分は感受性が非常に強い」というのでしたら、私は信じます。
「感受性が強い」と言うとき、あなたにパワーが戻ってきます。
「感受性が強い」と言うとき、あなたは自分の中の創造性とつながっています。
でも、あなたが、「感受性が強いということは、自分は傷つきやすいんだ」と思ったとき、
それがあなたの得る結果となります。
感受性が強いことを、逆に自分をより強くすることに使えば、
あなたの足は地面にしっかりと着いて、自立した強い存在になります。

（BASHAR GOLD P216〜217）

Ken's navigation

ワクワクを信じていましたか?

ワクワクしながらも、心のどこかで「うまくいくはずない、ムリムリ」なんて思っていませんでしたか?

または、日本人特有の慎み深さや謙遜で「○○になりたいけど、そんな大きな夢が叶うことに自分は値しない……」などと自分を卑下したり、過小評価していませんでしたか?

あなたの夢が夢で終わってしまわないように、ワクワクを信じることから始めてみましょう。

お願いですから信頼してください。
私たちは、宇宙がそういう風に
働くことを保証します。
これは、神話ではないのです。

（BASHAR①P111）

地球にはこういう格言があります。
「見ることは信じること」。
しかし実は「信じることは見ること」であり、
逆なのです。

（BASHAR① P147）

自分を信じない限り、世界は変わらない

もし、何か人生で足りないと思うものがあっても、
それは、宇宙があなたをサポートしていないということではありません。
宇宙は、自分がサポートされたいと思っている分しかあなたを
サポートできません。
自分がどれだけサポートされる価値があるか、
という限りにおいてしかサポートできません。

あなたが自分のことを信じようと信じまいと、
私はあなたを信じます。
でも、私があなたのことを信じても、
あなたの世界を変えることはできません。
自分自身を信じなければなりません。

（BASHAR①P52）

信じないことを信じさせてしまうほど強力な創造のパワー

皆さんはとても創造的なのです。
あまりにも創造的すぎて、
ひとつのものをたくさんのものに分離してしまう才能を創り出しました。
そして、それをさらに細かいものに、
あたかもそれらがなんの関係もないように見えるまで
分離してしまう才能を身に付けたのです。
これはすごい創造性です（笑）。
皮肉ではなく、本当に大きな創造性です。
これは、どのくらい自分自身をごまかすことができるかという
ことも含めて、

強大な創造のパワーのよい尺度になると思います。
ごまかすといったのは、
「自分自身がその創造の一部ではない」と信じ込ませるという意味です。
自分が何者であるかを忘れ、神であることを忘れてしまう。
これも創造性の持つ力です。

（BASHAR⑥P186）

信じると叶うのは、あなたが創造主だから

つまり、あなた方のパワーは非常に強いものなので、
少しでも信じると、現実化してしまいます。
あなた方は、**創造主**のイメージに**基**づいて**創**られているからです。
ということは、あなた**方自身**が**創造主**であるということです。

（BASHAR①P21）

やりたいことはあるんだけれど……

Q：「やりたいことはあるのですが、そのための資格を持っていなくて……」
B：「もしそれをしてみたいと考えているなら、あなたにはもう充分な資格があるのです。
ワクワクする道を辿れば、必要なものや知識、人を引きつけることができます」

（BASHAR GOLD P221）

信じられないなら、今の仕事はやめないで

Q：「仕事をやめたいと思っているんですけれど……」

B：「自分の人生が魔法に満ちていると信じられないなら、仕事は辞めないでください。

それが本当に心から信じることができたら、仕事を辞めてください」

（BASHAR⑦ P79～80）

Ken's Lesson

Basharule《バシャルール》 8

私たちは、自分たちが信じている以上に、「何かを創造するパワー」を持っています。

だから、信じることは、そのまま実現してしまいます。

まずは、自分が創造したもの、つまり、あなたが作り上げた自分の今の人生を見てみましょう。

あなたの現状を客観的に把握することが鍵になります。

そして、それが望むものでないならば、自分の意図を修正して、再び自分のワクワクを追いかけましょう。

バシャールのワクワク・カウンセリング④

自分を100%信じることができないどうすればいいの？

Q：自分を表現したいと思っています。
でも、そんな気持ちを抑制する自分もいるのです。不安や恥ずかしさなどがあって、
自分を100%信じることができない……。

B：いえいえ。あなたは常に自分自身を100%信頼しています。
自分を100%信頼しないことは不可能なのです。
望む現実を100%信頼しているか。
望まない現実を100%信頼しているか。

このどちらかなのです。
みなさんはすでに、いつも自動的に100%信頼しています。
自分を100%信頼していなければ、現実を体験することはできないのです。
もちろん、自分が望まないものを信頼しているかもしれません。
でも、常に100%信頼しているのです。
ですから、もし自分が望むことをしていないのでしたら、
自分があんまり望んでいないことの方に100%信頼を置いているのだ、
ということを知ってください。
100%の信頼を置くとき、他の現実がそれを邪魔することはできません。
常に100%の信頼なので、他のパーセンテージが入る余地がないのです。

（BASHAR GOLD P306〜308）

ワクワクを行動に移しましたか？

Ken's navigation

「想像するだけで、ワクワクする」という表現をよく使いますが、もしかして、あなたはワクワクを想像の世界だけで楽しんでいませんでしたか？

ワクワクはこの現実世界で実際にアクションを起こさないと、現実として姿を表さないものです。さあ、まずは第一歩を踏み出しましょう。

人生は「降りかかってくる」
ものではないのです。
人生は、必ず、
あなたを通して出て行きます。

（BASHAR④P91）

あなたが笑えば、鏡も笑う

物理的な現実は鏡です。

鏡に向かって微笑むと、そこにはあなたの微笑みが映し出されます。

鏡は映し出されるものを選ぶことはできません。

選択肢がないのです。

あなたがしかめ面をすれば、鏡もしかめ面をします。

地球では、皆さんは、鏡の中のしかめ面を長い時間をかけて変えようとしているのです。

けれども、実際に鏡の中のしかめ面を笑顔に変えるには、
皆さん自身が笑顔にならなければなりません。

物理的な現実というのは、皆さんの**状態**を映し出すものです。

ですから、それを変えたければ、**自分自身**を変えなければならないのです。

鏡の前に立って、「あなたの方が先に笑ってよ」

と言っているのと同じことなのです。
「鏡の中の私が笑うまでは私は笑わないわ。笑ってくれないから、
私も笑わないわよ」
鏡がこうして映し出すものが変わるまで、
待って待って待ち続けても、永遠に変わりません。
でも、あなたがついにしかめ面に疲れてしまって、
自分から笑ってみたとします。
すると、鏡の中には自分の笑顔が映っています。
これは比喩ではありません。
リアリティ、**現実**です。
物理的な現実は、「**鏡**」なのです。

(BASHAR⑦P21〜22)

待つだけではダメ

Q：「ワクワクをリラックスして待てばいいんですか？」

B：「リラックスして行動してください。

今、明確に出てきているチャンスに対して行動を起こしてください。

宇宙にいろいろなことをさせてあげてください。

あなたが椅子に座っていたら、

すべてどこかでお膳立てができる、

ということではないのです。」

（BASHAR①P80）

語るのではなく、行動して

「情熱に従って生きる」というのは、
単に「情熱に従うことについて話す」ことを示しているのではなく、
「それを実際に行動する」ということなのです。

（バシャール　スドウゲンキＰ148）

情熱のエネルギーは停滞させない

情熱を感じるけれども、何も行動をとらなかったりすると、
体の中に流れ込んだ情熱のエネルギーは
ただぐるぐると堂々巡りをするだけで、どこへも行きません。
ただじっとしているだけでは、ネガティブな副作用が出てきてしまいます。
情熱のエネルギーは、そこにただじっとしているべきものではなく、
流れるべきものなのです。
そこにただじっとしていると、エネルギーが停滞してしまい、
将来的に情熱を行動に移すことがさらに難しくなってしまうのです。
一方、**情熱をどんどん行動に移す**と、エネルギーの流れがよくなり
停滞していたエネルギーも流れ始めます。
だからこそ、行動に移すことがとても大切なのです。

（バシャール　坂本政道Ｐ212～213）

感情は、英語でE・Motionですね。
エネルギーをモーション（動き）にする
元なのです。

（BASHAR④P8）

Ken's Lesson

Basharule《バシャールール》 9

ワクワクは、頭の中で想像するだけでは叶いません。

また、ずっと待っていても向こうからやってきてはくれません。自らが行動を起こしてこそ叶うものです。

さあ、あなたのワクワクのエネルギーをこの世界で実際に動かしてみましょう。

それでも、過去を否定しない

「今までの自分はなんてダメだったんだろう……」と自己嫌悪によく陥っている人はいませんか？

「ワクワクできない自分がいる」、なんて落ち込む必要はありません。

あなたが通ってきた今までの過去だって、きちんと意味があるのです。

ネガティブなことも、未来のワクワクにきちんとつながっているのです。

Ken's navigation

闇を知らなければ、
光を理解できません。
闇がなければ、
光も意味をなしません。
光と闇の両方を経験することによって、
より大きな新しい意味、
より大きな新しい経験をつくり出すのです。
一部だけではなく、全体が見えてくるのです。
これこそが「創造」のサイクルです。

（バシャール　スドウゲンキ P157）

過去があるから、今のあなたがいる

過去にやってきたことは間違っていた、ということになるのでしょうか？

あなたは、ハシゴを上ったことはありますか？

ハシゴの最初の階段のステップに足をかけると、それによって二番目のところにも足をかけられます。

そして、二番目に足をかけると、
三番目にも足をかけられるようになります。

各ステップを踏むことによって、
ハシゴの上まで高く上っていくことができます。

では、五番目のステップに足をかけたとき、五番目にいるからといって、一番目はもう意味がなくなってしまうことになるでしょうか？

そうではないはずです。

ハシゴの一番目の存在がきちんとあるように、
あなたが昔いろいろなことをしてきたからこそ、
今、さまざまなことを創りあげることができるのです。

もしあなたが、五番目に足をかけていながら、
「一番目のステップは、まったく役に立たないひどいものだった」と
思ってしまったらどうなるでしょうか？
それは、一番目のステップが腐ってしまったことと同じなのです。
そうすると、腐ってしまったステップは次々にバラバラになってしまって
まもなく、ハシゴのステップはすべて崩れてしまいます。
自分が過去にやったことは無価値だとみなしてしまうと
あなたは自分自身が価値のない存在だと認めることになるのです。

でも、今まで自分がやってきたことは、すべて間違いではなく、
今、自分が置かれている場所に自分を連れて来てくれた、と評価する

ことができれば
あなたはどんどん上まで行ける強いハシゴを持つことができます。
そして、最終的にはあなたを高いところまで連れていってくれるのです。
自分がどれほど強くてすばらしい存在であるか。
自分の行うことすべてがどれだけパワフルか。
それをわかってあげてください。
それを受け入れることを自分に許してあげてください。

（BASHAR⑦P102〜104）

過去にも愛と感謝を

古いものから新しいものに替えるとき、
その古いものを愛し、
それが今まで自分に教えてくれたことを
いとおしく思えれば早く進めます。
古いものが自分に教えてくれることのひとつは、
古いものはもう自分には必要ないということです。
「自分が○○ではない」と教えてくれる古いものに感謝してください。
それによって「自分が○○である」に近づきます。
ですから、痛みがあったらそれを自分のものにしてください。
否定しないでください。

（BASHAR③ P37）

過去も、今、また自分でつくっている

あなたが「過去から引きずっている」と思っているどんな観念も、
あなたによっていまつくられているのです。
あたかも、過去から引きずってきているかのように。
けれども実際は、この瞬間にまたつくっているだけなのです。
物理的な現実と同じように、
過去もそれ自体で存在できる分離したものではありません。
あなたの意識が、過去と現在と未来というコンセプトをつくりだしているだけなのです。

過去も現在も未来も、文字通り、まさに今、ここにあります。
すべてのもの、すべての場所、すべての時は、今、ここにあるだけです。
だから、どのような現実も、自分が望む現実も、

チャンネルを違う周波数に切り替えるだけで体験し、
見ることが出来るのです。

（BASHAR GOLD P194）

Ken's Lesson

Basharule《バシャールール》 10

今のあなたがあるのは、これまでのあなたがいるからです。あなたの過去は間違っていません。

ワクワクすることに気づかせてくれたこれまでの過去を受け入れて感謝したら、さあ、次のステップを踏み出しましょう。

過去があるからこそ、これからのワクワクが輝くのです。

バシャールのワクワク・カウンセリング⑤

ワクワク仕事をしたいのに、現実は真逆の環境 どうすればいいの？

Q：共感できる人々と一緒に、創造的な仕事をすることにワクワクを感じます。

でも、実際の職場はネガティブなエネルギーが充満していて、人間関係も悪く、ワクワクしません。

そこで、もっとワクワクできる職場へ転勤希望も出しているのですが、それもかなえられずにいます。

どうすればいいでしょうか？

B：まず、あなたがすべきことは、他の人のエネルギーを変えるのではありません。

あなたのエネルギーを変えるのです。あなたのエネルギーを変えることによって、
あなたはまわりのネガティブなエネルギーの影響を受けなくなります。

あなた自身が充分に創造的になると、
他の人々のネガティブなエネルギーをポジティブなものに導くことはできるでしょう。
まわりの人々が何をしていても、いつもポジティブな感覚やエネルギーを
持つことを選択するなら、
あなたは彼らに影響を与えられるかもしれません。
けれども、あなたがそれを行うのは、相手を変えるためではありません。
自分を変えるのです。

相手が何をしようとも、それに関係なく、あなたにとって真実であることを
ただ選択してください。
いかなる状況下でも、自分のやることがネガティブなエネルギーによって
止められていると感じるなら、

それはまわりの人のエネルギーによってそうなっているわけではありません。
自分が自分に対してそうしているのです。

もしあなたが、自分のエネルギーを変容させるなら、
次の二つのうちのどれかを選択することになるでしょう。
まずひとつは、同じ場所に居続けて、まわりの人が何をしていても、
ポジティブなエネルギーを映し出すということです。
周囲で何が起こっても、あなたは悲しんだり、落胆したり、
失望する必要はありません。

もうひとつは、あなたがただ幸せでいることを選択したとき、
あなたはもはやその職場にそぐわないと思うかもしれません。
そのときは、そこから去ることになるでしょう。
そして、あなたがいるべき場所に行き着くことになるでしょう。

（BASHAR⑦P242〜251）

第2章

ワクワクを見つける

意外に多いのが、「ワクワクすることが見つからない」「何にワクワクすればいいのかわからない」という〝ワクワク難民〟たちです。そんな、自分のやりたいことやゴール・大きな夢がまだ見つからない自分探しの途上にいる人たちはどうすればいいのでしょうか。

実は、あなたのワクワクのヒントは、いつもの日常や身近なところに隠れていたりするものなのです。そして、今の自分にはワクワクすることがないからといって、がっかりしたり、落ち込む必要もありません。「ワクワクが見つからない」という人ほど、ワクワクを何か特別な、また、大きなものとして捉えているようですが、バシャールは、「ワクワクは、どんな人のどんな日常の中にも存在するもの」であると教えてくれています。

本当にまだワクワクしていなくても
ワクワクすることに
ワクワクしていると思います。
それで充分です。

（BASHAR④P38）

大きなワクワクより、今日の小さなワクワクから

自分らしい人生、今の自分とは違う素晴らしい人生が遠いどこかにあるはず。そして、そこに行き着くためには、ワクワクすることが大切であるということまではわかっていても、どこから手をつけていいのかわからない人も多いはずです。そんなときにはどうすればいいのでしょうか?

Ken's navigation

人生に起きる、
一見ランダムなシンクロニシティを
信頼していけば、
自分の人生において、
完璧な秩序に自動的に導かれます。

（バシャール　スドウゲンキP126）

その瞬間、最高にワクワクすることを選ぶ

毎瞬毎瞬、自分のワクワクする範囲内で
一番ワクワクすることを行動に移すことです。
その瞬間に一番身近なワクワクをすると、
また次にワクワクするものが出てきます。
芋づる式につながって出てきます。

（BASHAR GOLD P221）

あなたが許せば、人生に偶然が流れ込む

とてもワクワクするものがあったとします。

例えばそれは、大きな家を持ちたいという夢。

でもあなたは、大きな家を持つためには一生懸命働いて、たくさんのお金を貯めなければならない、と小さな頃から教えられています。

だから、家を持てるのは二十年か三十年先だろうなと考えています。

そうすると、急にワクワクした気持ちがしぼんだりもします。


でも、家が欲しいから貯金をしなくちゃ、と仕事の面接に出かけます。

ただ、家を持つことほど、仕事に対してはワクワクしないのです。

そんなときに、向こうから友達が歩いてきて、あなたに声をかけました。

「久しぶりだね、どうだい、ちょっとお昼でも一緒に食べようよ」

あなたは、仕事を探そうとしていたことよりも、友達と昼食を食べることの方にワクワクしてきました。

でも今、友達と昼食をしたら、面接に間に合わず仕事が決まらない。

すると、お金ももらえないし、家も買えないと考えます。

そんな風に悩むあなたを見て友達は、

「何も今すぐ、あわてて面接に行かなくてもいいじゃないか。おなかがすいているみたいだし、食べにいこうよ」としつこく誘ってきます。

「うーん、だめ。僕は仕事を見つけて家を買いたいから。それが今、一番ワクワクすることだから」

そう答えると、友達はすかさず聞いてきます。

「でも、その仕事はそんなにワクワクすることじゃないんだろ?」

「そう、その通りなんだ」

あなたは彼の意見に思わず納得してしまいます。

「じゃあ、その家を手に入れるために、今、何をすればいいかわかっているの?」

「いや、それがわからないんだよ」

「じゃあ、今は二番目にワクワクすることをやったらどうだい？　僕と昼食に行こうよ！」

一番ワクワクする家を買うことは、今はどうしようもない。

それなら、この瞬間に二番目にワクワクすることである友達との昼食にでもいくか、あなたは考えます。

「わかった。でもあんまり長い時間はだめだよ。

僕は、仕事を見つけて、お金を貯めて、家を買うんだからね」

それから、あなたは友達と食事に行き、楽しい時を過ごし、

ついつい時間がたつのを忘れてしまい、面接に間に合わなかったことに気付きます。

「あぁ、面接に行くのを忘れてしまった……。もう、あの仕事はもらえない。

お金も貯まらないし、家を買う夢が遠のいてしまった」と嘆きます。

けれども、友達は言いました。

「でも君は、自分がその瞬間にできる範囲で、二番目にワクワクすることをやっていたじゃないか。違うかい？」

「それはそうだけれど……」

「君にはわからないのかい？ワクワクする気持ちは、すべて糸のようにつながっているんだよ。

だから、一番ワクワクすることに対して何をすればいいかわからないときは、その次にワクワクすることをやっていれば、どういうわけかつながっていくんだよ」

「なぜ、そんなことが言えるの？　まるでおとぎ話じゃないか！　そんな夢みたいなこと、君は信じているの？　現実はそんなものじゃないんだよ」

「でも、僕はいつもそれでうまくいっているから……。だから、君もひょっとしたら、うまくいくんじゃないかと思っていたんだ。まあ、この話はまた後にしよう。ほら、友達がもう一人来た。彼とも一緒に食べようじゃないか」

そして、その友人も加わって三人でまた話を始めます。

あなたは、加わったばかりの友人に、今しがた起きたことを話しました。

仕事に行こうと思ったのに、面接を逃したのでお金が入らず家も買えない、
ということです。

すると彼が聞いてきました。

「君は家が欲しいのかい？」

「そうだよ。丘の上の素晴らしい家を知っているんだけれど、あんな家が欲しいなと
思っていて……」

「君の言っているのは、あの丘の上の家のことかい？」

「そう、あの家のことだよ」

「ああいう家が欲しいんだ……」

加わった友達が応えました。

「うん。でも、仕事にも就けなかったし、もうダメだよ」

「なんてことだ。ちょうど僕は向こう五年間の海外出張が決まって、
その間、家の面倒をみてくれる人を探していたところなんだよ！」

「へぇ、本当に？　君はどこに住んでいるの？」

「君が言っている、あの丘の上の家だよ」

「え!?　あれが君の家？」

「そうなんだ。君、あそこに住んでくれるかい？

友達の友達なら信頼できるし、きれいに使ってくれるだろうしね。

僕の代わりに家の面倒を見てくれるんだから、お金なんかいらないよ。

僕の家に住んでくれるよね？」


そこで最初の友達が言います。

「ほらね。僕はいつもこういう風に上手くいっているんだよ。

君だって上手くいき始めたじゃないか」


この話は、ちょっとできすぎでしょうか？

いいえ、そうではありません。

単なる偶然でしょうか？　いいえ、偶然ではありません。

英語で〝Co-incidence〟は「偶然」という意味ですが、
〝Co（共同）〟で創った〝Incidence（状況）〟なのです。
この世に偶然はありません。
あなたが自分に許しさえすれば、人生というものは、常にこんな風に流れます。
この方法の素晴らしさは、あなたがただ、
「それが起こるのを許してあげればいい」ということなのです。

（BASHAR⑥P32）

夢へのステップがすべて見えるとは限らない

大切なことは、最初のステップは
自分が本当にしたいものと直接関連があるとは限らないということです。
そう見えない時もあります。
すべてが、その時に見える必要はないのです。

（BASHAR①P104）

今日のワクワクと明日のワクワクは違ってもいい

今日ワクワクするものと、明日ワクワクするものが
同じでなければいけないということではありません。
宇宙の中でただひとつ一定なものは「変化」だけです。
ワクワクすることをやっていると、
いろいろなものはひとりでに、
どんどん**変化**していきます。

（BASHAR③ P210）

Ken's Lesson

Basharule《バシャールール》 11

大きな目標がないという人だって、今日１日の間には、何度か小さなワクワクがあったはずです。「今日はあれを食べよう！」「大好きなＴＶドラマの日だ！」「友人の○○からメールが来た！」

そんなささやかな日常のワクワクが、意外に大きなワクワクへと導いてくれたりするものなのです。だからこそ、毎日の小さなワクワクを無視しないで！

そして、そんな“プチ・ワクワク”こそ、思い切り味わってみてください！

あなただけのワクワクを見つけて

十人いれば十人、それぞれ十人十色のワクワクがあります。あなたができることは、あなただけしかできないのです。

たとえ、他の人と同じ夢、同じ職業を選んだとしても、それは、他の人のワクワクとは違うのです。

世界でひとつだけの「あなたバージョンのワクワク」を見つけることが、豊かさへの鍵になります。

Ken's navigation

Q：今回の人生の目的を知りたいのですが。

B：今のあなたには、今回の人生しかありません。
ですから、今生を百パーセント生きるということが誰にとっても人生の一番の目的になります。
それだけです。

（BASHAR①P154）

B：あなたに関して、
あなた以上にあなたを知っている人がいるでしょうか？

Q：いません。

B：でしたら、わかってください。
宇宙全体の中で、あなたがやるようなやり方というのは
他の誰もまねが出来ないということです。
あなたが表現するやり方は、今まで誰もやったことがありません。
今もいません。
これからもいません。

（BASHAR②P156）

それぞれのワクワクがある

皆さんは、一人ひとり
「大いなるすべて（All that is：森羅万象）」の波動からできています。
そして、大いなるすべての基本的な火花を分け合って、それぞれの中に持っています。
そしてまた、一人ひとりがそれぞれ少しずつ異なった波動を持っています。
そのことが、**一人ひとりをユニークな個人として存在させています。**
それぞれちょっとずつ**違った形で表現されています。**
だからこそ、ひとりの**人が最もワクワクすることは、**
他の人とは微妙に異なっているのです。
もちろん、多くの人にとって共通にワクワクすることがあるかもしれません。
しかし、情熱を感じるものが同じだったり、似ていたりすることがあったとしても、
その表現の仕方は人によって少しずつ違っています。
ですから、最も自然な自分自身でいるとはどんな状態なのか、

自分で発見しなければなりません。

（BASHAR2006 P30）

ワクワクはサインを出している

たくさんの人達が、自分の人生で、
自分はどこにはまればうまくいくんだろう、と一生懸命探しています。
自分の人生の使命はなにか、その啓示がくるように一生懸命、待っていたりします。
そしてなにかワクワクするようなことがみなさんの肩をたたいたとします。
そういうとき、よくいいますよね、
「うるさい、うるさい。今、自分の使命を探しているんだから邪魔をするな」
「楽しいことなんかで、自分の気を散らさないでくれ！」と（笑）

（BASHAR④P20）

ハイヤーマインドとフィジカルマインド

人類の歴史を遡ってみると、
*ハイヤーマインドは、ずっと**フィジカルマインドに語りかけつづけてきました。
それはまるで、耳が不自由な人に向かって語りつづけているような感じでした。

ハイヤーマインドがフィジカルマインドに語りかけるためのひとつの言葉、
それは、イマジネーションやインスピレーションです。
そして情熱は、フィジカルマインドがハイヤーマインドの言葉をよく聞き、
その現実をつくりだすための周波数です。
だからこそ、ハイヤーマインドの言葉であるイマジネーションやインスピレーションが
フィジカルマインドに届くようにリラックスし、
その言葉から現実をつくりだすために情熱に従うことが大切なのです。

（バシャール　スドウゲンキＰ141）

*ハイヤーマインド

宇宙の叡智につながる自分の中の高い意識、ハイヤーセルフのことでもあり、智慧、ハート。

**フィジカルマインド

顕在意識、思考、頭やロジックと言われている部分。物理的な現実を体験するためにつくり出すパーソナリティ。

リラックスしてイメージしてみる

Q：ワクワクがわからないのですが。

B：それでは、そこに寝てください。

リラックスして夢でも見ているとイメージが出てきます。

大切なことですが、その時、即座に意味がわからないからといって

それを否定しないでください。

例えば、そのイメージが砂浜で運動している姿だったとします。

「こんなことやって、どうやってお金が儲かるのだろう」と思います。

でもイメージを広げて見ると、まわりには沢山の人がいて、

あなたにお金を払って運動を習っているかもしれません。

（BASHAR①P108）

他に惑わされずに、自分だけのペースで

「他の人はうまくやっているな。どんどん進んでいっているな」

と心配する必要はありません。

そんなふうに自分を責める必要はないのです。

すべては完璧なタイミングで進んでいます。


（BASHAR GOLD P21）

Ken's Lesson

Basharule《バシャールール》 12

あなたがこの世界でたったひとり、唯一無二の存在であるように、あなたのワクワクも、オンリーワンのワクワクです。

たとえそれが、他の人と同じ夢や目標でも、決して同じワクワクにはなりません。

それぞれが違う、ユニークでオリジナルなワクワクなのです。

あなたは、あなたのペースで、あなただけのやり方で、たったひとつのワクワクを生きてください。

バシャールのワクワク・カウンセリング⑥

ワクワクが長続きしない！どうすればいいの？

Q：自分ではワクワクすることをやっているつもりなのですが、長続きできずに、すぐに冷めてしまうのです。

仕事もワクワクすることを、腰を落ち着けてやりたい気持ちはあるのですが、どうすればワクワクすることをずっと続けられるでしょうか？

B：どうして冷めるのでしょう？

常にワクワクしているのなら、なぜ冷めてしまうのでしょう。

まず、ひとつのことを続けようとする前に、次のことを理解してください。

退屈な状況があるのではなく、退屈な意識があるだけなのです。
そういうときは、あなたのイマジネーションを少し拡大させる練習をしてください。
何かワクワクすることをしていて、飽きてきたなと思ったら、
さらにワクワクできるやり方は何だろうと考えてみてください。
ひょっとしたらあなたは、自分が考えているワクワクすることは
仕事にはならないと思っているのかもしれません。

でも、こんな例があります。

あるとき、自分の子どもたちに本を読んであげるのがワクワクするという女の人がいました。

でも彼女は、最初はそれが仕事になるなんて考えてもいませんでした。

彼女はただ、いつもワクワクして情熱を持って本を読み聞かせていました。

するとある日、子どもたちが自分の友だちや彼らの親を呼んできて、
やがて近所じゅうの人々が彼女の話を聞くようになりました。

彼女はとても上手に本を読むことができたので、

やがてそのことにお金を払おうという人たちが出てきました。

つまり、それが仕事になったのです。


何かワクワクすることを始めたとき、最初はそれが仕事に結びつくとは思えないかもしれません。

でも、ワクワクする気持ちを持ったまま、それを続けてみてください。

そうすると、自動的にそれが仕事になったりするものです。

ワクワクすることをやっていたとしても、いろいろな状況がいつもお膳立てされて揃った形でやってくるというわけではないのです。

あなたの方からそれに参加して、自分で創り出していくことも必要なのです。

種を植えて出てきた芽を木に育てていくようなものなのです。


（BASHAR⑧P22〜26）

第3章

ワクワクを演じる

ワクワクを実現する方法はとてもシンプルです。それは、自分のワクワク、つまり自分が望むこと、自分の「こうなりたい！」を具体的に、①「見て」、②「感じて」、③「なりきる」という3つのステップです。

『人生劇場』というタイトルの小説がありますが、人生は、よく舞台に例えられます。けれども、バシャールからすれば、それは〝例え〟なんかではありません。人生はまさに舞台そのものなのです。そして、当然ながら、その舞台で主役を演じる主人公は、他の誰でもないあなた自身です。もちろん、あなたは演じるだけでなく、その舞台のシナリオを望むままに書き、演出できるのです。あなただけの人生の「劇（Play）」を自由に「遊び（Playing）」ながら、「演じて(Play)」ください。

ワクワクになりきる

「形から入る」という言葉があります。

憧れの人がいたら、その人の格好を真似てみたり、なりたい職業があったら、その仕事で使う道具を先に手に入れてみたり……。

そんな、形から入る、という方法は、なんだか一見、外見だけで中身が伴っていないようにも思えるのですが、実は、ワクワクに近づくために、バシャール的にはとても効果的な方法なのです。

Ken's navigation

あなたの想像力は門です。
入り口です。
それを通してすべての現実に
たどり着くことができます。
あなたの想像力を信頼してください。
（BASHAR②P132）

五感のすべてを使う

こうなりたいという自分をイメージして、その人だったらこうする、という行動を、自分でしてみてください。

その人がやるように自分の感覚を総動員してください。

その人の物の見方、感じ方、音の聴き方、匂いの嗅ぎ方。

それらをすべて、感じてみてください。

そしてそんな自分になったら本当にワクワクすると思ったら、そのワクワクを感じてください。

あなたは、それになれます。


（BASHAR④P68）

形から入るのはアリ

物理的な動き、姿勢も波動を持っています。
ですから、次のようなことが可能になります。
例えば、Aさんがいて、実際に何かをしています。
そして、もうひとりのBさんに、行動から姿勢から何から何まで、
すべてAさんと同じようにマネをしてもらいます。
すると、Bさんは自動的にAさんとまったく同じことを考え、感じはじめるのです。

これがみなさんの言うテレパシーの基本です。
テレパシーというのは、お互いの心を読むのではありません。
自分の波動を相手の人の波動としっかり一致させると、
自分にもその波動がつくられるのです。
すると、相手の人と同時に同じことを考えるのです。

恋に落ちているふたりにお互いの気持ちがよくわかることがあるのは、これと同じです。お互いの波動の調和がとれていて、シンクロナイズされるからです。

(BASHAR GOLD P24〜25)

ワクワクに同化し、環境を創り、真似る

ワクワクをどう行うか、
あなたのイマジネーションがベストな方法を教えてくれます。
自分をその現実に同化させるということです。
望む現実を現す環境に、できる限り自分自身を置いてください。
そして、できるだけそれに近い状態でそれを真似てください。

例えば、ワクワクすることが、
パワフルでクリエイティブな会社の社長だとします。
イメージの中であなたは社長室にいて、デスクに向かっています。
すばらしい机、座り心地のいい大きな椅子です。
でももし、例えば、あなたが自分のアパートで、
小さな縮こまるような机に向かっているのなら、

そのときの体のエネルギー、ボディランゲージ、動作は社長をイメージしたものとはかなり違うでしょう。

オーケストラのように、どんな小さなパートを演じるエネルギーにも意味があります。

ですから、自分の家やアパートで、

社長室のような環境を出来る限りそれに近い形で創り出して下さい。

そして、そこの中に入ってください。

そうすると、イメージしたものはより現実になりやすくなります。

イマジネーションを自分になじませればなじませるほど、

あなたの体の意識はそれがリアルだと信じ込みます。

そして、よりリアルなエネルギーが外に輝き出し、

映し出す現実も変わっていくのです。

（BASHAR⑧P153〜154）

豊かな人は節約しない

なりたい自分がやるようなことを、やってください。

なりたい自分がやらないようなことは、やらないでください。

例えば、イメージしているのがとても裕福な自分だとしましょう。

その自分は、スーパーマーケットの割引クーポンを、こまめに一生懸命、広告から切り離しているでしょうか？（笑）

そのイメージの中の自分は貧困な思考を持ち合わせていないはずです。

何かを買うときに、どうしたら2～3円節約できるかなんて考えたりしません。

そうした行動を続けるとき、望む現実はやってこないのです。


（BASHAR⑥ P134）

統一性を持って行う

ワクワクすることを、統一性を持って行うとき、
現実は非常に穏やかに進みます。
「統一性をもって行う」とは、自分は他の誰も、
あるいは自分自身をも傷つけることなく
やりたいことは何でもできると信頼していること。
それはまた、リラックスして、
一番したいことがベストを尽くして行えるということ。
何かを成し遂げるために、自分の力を人にゆだねるのでもなく
人の力を取り上げようとするのでもない、ということ。
自分をひとつの完全な存在として見ることができる、ということです。

（BASHAR GOLD P304〜305）

Ken's Lesson

Basharule《バシャールール》 13

ワクワクを実現する近道は、ワクワクになりきることから始まります。

いわば、ワクワクの疑似体験をしてみるのです。

「なりたい自分」をすでに「そうなれた自分」として演じてみてください。そのときに感じるワクワクのエネルギーが、あなたに馴染んでくると、最初は"エアーな体験"であったものが、やがて現実のものとして具現化してきます。

Ken's navigation

ワクワクには努力も勇気もいらない

一生懸命に勉強して合格する、頑張って額に汗して働いてやっとお金を手にする、苦労して耐えてなんとか上のポジションまで昇りつめるなど私たちは〝努力〟を何かを得るために当然の行為だと考えがちです。

特にこれらは、日本人にとっては美徳でもあったりします。

けれども、本当のワクワクには努力は必要ない、そして、ワクワクには勇気もいらない、とバシャールは語っています。

努力して努力して、
もういいかげんくたびれて、
努力することを選ばなくなると
幸福になるんです。

（BASHAR①P163）

努力なしでも喜びや成果は得られる

まず努力をして、がんばってからでないと成果は得られないと信じています。
あなた方の社会では、喜びは勝ち取らなければならないものと思われていますが
本当は生まれたときの権利として、
ずっと喜び、楽しんで過ごすことができるのです。
そうでないと、非常に疲れてしまいます。
努力して、苦労した後にエクスタシーを得るようでしたら、疲れるでしょう。
そして疲れると、怖れに走ってしまいます。
そこで、もっと努力しなければならない、
その結果、さらに努力することでもっと疲れてしまう、
ということを怖れてしまいます。
誰も努力はする必要はありません。

（BASHAR①P148）

苦労したければ、宇宙は苦労を与える

もしあなたが、
「私は人生を苦しんで苦しんで、努力して努力して生きていくんだ」
と信じていたら、宇宙はそれを与えてくれます。
「そうかそうか。じゃあ、がんばる材料を与えてあげよう」と。
もしあなたが、「私は楽に、何でも手に入れていいんだ」、
また、「自分は喜びを感じていいんだ」と思って生きるなら、
宇宙はそういうものを与えてくれます。
宇宙は常にあなたの欲しいものを与えるのです。

（BASHAR① P148）

魂に焼きついた努力と苦労の必要性

あなた方を長年見てきて感じていることなのですが、
あなた方の文明というのは、単純さ、簡単さというものを信じるのに
あえて大変な難しさを感じているということです。
そこが一番矛盾しているのです。
もう何千年もの間、何か価値のあるものは
必ず努力しないと、また、苦労しないと得ることができないと信じているのです。
もうこれが魂にまで焼きついていて、
簡単なことなんだということを
受け入れられなくなっているのです。

（BASHAR①P214）

行動を起こさせるのは、勇気ではなく確信

観念を変えると決められれば、
もう勇気は必要なくなります。
今度は、その人の内側に、究極的に平和で穏やかな
「知っている感覚」、つまり確信が出てきます。
この確信が行動をとらせるのです。
勇気ではありません。

勇気は「進んで行動を起こそう」という「気持ち」にはさせてくれます。
しかし、実際に行動を起こす原動力になっているのは、「確信」です。
ただ、このふたつが非常に短い時間に起きるので、
本人は「勇気を奮いたたせて行動した」と感じるかもしれません。

たとえば、禅の師匠が行動するのに勇気はいりませんね。
彼らは、ただ淡々と行動しています。
なぜなら、「これがとるべき行動だ」と確信しているからです。
さらに言えば、怖れがなければ、
その行動をとる確信を得るための勇気すら必要なくなります。

（未来は、えらべる！P48～49）

あなたは、オートマティック・クリエーター

ワクワクは、努力するということではありません。
学ぶ必要のあるものを努力なしで引きつけていきます。
自分のいるべき場所に、いるべき時にいて、
自分の学ぶ必要があることが自然とわかります。
それをシンクロニシティといいます。
みなさんは、オートマティック・クリエーターです。
（BASHAR GOLD P224）

ワクワクすると、時間も超える

自分でもっとも情熱を感じる、
ワクワクすることをしているときには、
ほとんどの人が時間の感覚が変わることを経験します。
大好きなことに集中しているとき、
もっとも情熱を感じることにフォーカスしているとき、
時間はとてもはやく過ぎるように思えるのです。

そのときには、実際に時間がはやくすぎているわけでも
あなたが時間を無視しているわけでもありません。
何かに没頭して少ししか時間がたってないように感じるときには、
実際に短い時間しか経験していないのです。
逆に、喜びを感じられないことをしていると

それらを片付けるために時間を創りださなければなりません。
もし、午前9時にある作業をして、正午の12時にそれを終えたとしましょう。
他の人がその作業をするのに3時間かかったと感じる一方、
あなたにとってそれは1時間くらいにしか感じられなかったのなら、
あなたは、本当に1時間だけの時間を創り、1時間だけ物理的に存在していたのです。
つまり、あなたは1時間だけしか老化していないのです。
好きなこと、情熱を感じることをしている人は
元気でエネルギーに満ち、年のわりに若々しくみえるのです。
ワクワクすることで物理的な現実の中で波動を上げていくのは
自分の動きが光の速さに近づいていくようなものなのです。

（BASHAR2006 P231〜232）

Ken's Lesson

Basharule《バシャールール》 14

「努力しないでいい」、なんて甘美な言葉でしょうか。ワクワクは努力せずに叶うのです。

逆に言えば、努力が必要ならば、それは本当のワクワクではないのです。
あなたがワクワクの波動の中にいること、それが実現の鍵です。

だからこそ、気をつけてください！

もし、あなたが努力する道を選べば、宇宙は努力することを与えてくれるでしょう。もちろん、それも、あなたの自由です。

ワクワクしながら今に生きて、結果に執着しない

Ken's navigation

「こうなりたい！」という願望があるとき、その目標を決めたら「今ここ」に生きて、結果や実現のことは天にゆだねて、結果に執着しすぎない、ということが願望実現のコツです。

あなたが、今回の人生で実現したい夢は、何ですか？　それをイメージして、読み進めてください。

集中して、忘れる

実現のための最良の方法は、
「手放し、ゆだねて、実現するかどうか気にしない」ということです。
物質次元の意識（顕在意識、思考の部分）は、
情熱の対象に集中したことで、するべき仕事をもう終えたわけです。
ですから次は、あらゆる想定や期待やニーズなどを全部手放して、
高次の意識にゆだねなければなりません。
そうすると高次の意識が、どのような形であれ
「実際に起きるべき方法」できちんと教えてくれます。

高次の意識は、あなたが**想像**した**方法**よりも、もっと**素晴**らしくて
もっといいやり方で**実現**できる**方法**を**知**っている**可能性**があるからです。
したがって、実現化とは、

「集中と忘れること」「(起きるのを)許すこと」の結果だと言えます。

集中して、忘れる。
集中して、忘れる。
集中して、忘れる。

これが実現化の法則です。

(未来は、えらべる! P84～86)

近道は、「今ここ」にあり

みなさんは、永遠の存在なのです。
何を急いでいるのでしょう?
逆説的なのですが、一番速く進みたいと思ったら
今自分がいるところのことを百パーセントやることです。
自分が創り出したすべてを楽しんでください。
そうすれば、一番先に行きます。
速く先に行きたいと思うことは
今自分が持っている「今ここ」を否定していることになります。

(BASHAR③ P236〜237)

永遠の命にも「今」があるだけ

今を生きてください。
あなたが存在するのは、今以外にはありません。
永遠の生命をもっていても、
これからどんな**人生**を生き、**生**まれ変わっても
結局、今を生き続けるだけです。
ですから、自分が生きたい「今」を創ってください。
（BASHAR③ P106〜107）

Ken's Lesson

Basharule《バシャルール》 15

目標をセットしたら、「今、ここ」だけにフォーカスしましょう。

ゴールに執着することは、未完成な自分が完璧な自分を渇望することになるからです。

それでは、「自分は不完全である」というエネルギーを発信し続けることになります。

ワクワクしている完璧な「今、ここ」の連続こそが、あなたの「なりたい姿」を現実にしてくれるのです。

第4章

ワクワクで豊かになる

これまで、ワクワクについて、バシャールが語るワクワクの定義から始まり、あなたが実際にワクワクして生きてきたかどうか、あなたのワクワクを振り返りながら、ワクワクの見つけ方や、どのように行動に移すか、などについて順を追ってワークしてきました。

中には、ワクワクについて、その言葉が本来意図することをこれまで取り違えていたことに気づいた人もいるかもしれません。けれども、すでにこの時点で、あなたが考えるワクワクとバシャールの語るワクワクは一致しているはずです。つまり、「本当のワクワク」をあなたなりに把握できているはずです。

そうすると、今度は次のステップとして、ワクワクが本当に豊かさを運んでくれるのかどうか、ということが気になるはずです。やはり、私たちはこの世界で生きている限り、ワクワクすることで精神的な満足感を得るだけでなく、物理的な豊かさを享受することを望むのも自然なことなのです。

そして、これに対するバシャールの答えは、「イエス」です。もし、あなたがワクワクを見つけて行動に移したら、あとは、お金や豊かさ、あなたが望むものを受け取ることができるはずです。時には、最初に想像していたもの以上のものをたくさん受け取ることもあるでしょう。

さあ、自分のワクワクがどんな豊かさをもたらしてくれるのか、ワクワクの旅を続けてみましょう。

ワクワクが豊かさを運んでくる

Ken's navigation

私たちがやるべきことは、ただただワクワクすること。そうすれば、豊かさをはじめすべて必要なものが引きつけられてくるとバシャールは言います。

豊かさはこの宇宙で欠乏することなく、どんな人にも平等に降り注ぐのです。

ワクワクすることをやっていると
宇宙の豊かさが無限にやってきます。
そして、それを続けることができます。

（BASHAR②P165）

やりたいことをやれば、お金は入ってくる

自分でやりたいことをやれば、
そしてそこからお金を得ようと思えば、自ずと入ってくるでしょう。
なぜならば、自分のやりたいことをやっているとき、
必ずまわりが自分をサポートしてくれて、
自分に必要な豊かさが入ってくるのです。
他の人からみて、この人はこんな仕事をしているんだ、
と思われるかもしれません。
でも、自分自身はぜんぜん仕事をしている感じがしないんです。
なぜならば、もう楽しくて楽しくてしょうがないんです。

（BASHAR①P147）

必要なものは、すべて集まってくる

今のあなたが充分に今のあなたであれば、
宇宙から必要なものは全部その時のあなたに与えられます。
情報も、状況も、人との付き合いも、物質、
何でもすべてのものが、今あなたに与えられます。
自動的に、努力なしで、頑張ることなしに、すぐに……。

（BASHAR① P24）

豊かさは、減らない

ここで、宇宙の秘密をもうひとつお伝えしましょう。
とてもとても大きな秘密です。
「この宇宙には、すべての人に行きわたるだけの充分なものがあります。
欠乏しているものは、何もありません」
この惑星では、多くの人が次のように信じています。
「世の中には、すべての人に行きわたるだけ充分なものはない。
だから、勝ち取らなければならないんだ」と。
でも、「全員のために充分なものがある。欠乏という状態はどこにもないのだ」
と知ったらどうなるでしょうか?
すべての人の根本的な望みが満たされ、
みんながwin-winの関係になれるのです。

(BASHAR⑦ P62~63)

Ken's Lesson

Basharule《バシャールール》 16

ワクワクは、豊かさのエネルギーでもあります。

あなたがワクワクしながら生きることで、金銭的なものだけでなく、豊かな人間関係やシンクロニシティなどが運ばれてくるのです。

あなたという存在そのものがワクワクであふれている限り、あなたのまわりには、あなたと波動の合う豊かさが引きつけられてくるでしょう。

ところで、お金って何？

現代社会に生きる私たちにとって、お金は不可欠なものです。

お金に笑い、喜び、お金に泣いたり、怒ったり、絶望したりして、いつも私たちはお金に振りまわされているのです。このように、人間にとって人生の喜怒哀楽を左右する〝お金〟は、バシャールにとってどのようなモノなのでしょうか？

あなたにとって、お金の意味は、今日から変わり始めるでしょう。

Ken's navigation

私たちは、お金とは単なる
「任意のシンボル」に過ぎないもの、
自分の意識次第で
どのようにでもなるものだと理解しています。
みなさんとお金との関係は、
一人ひとりの感情的な状態の反映なのです。
自分自身の価値を認めると、
お金との関係もよくなり、
お金というシンボルの価値が上がります。

（未来は、えらべる！ P110～112）

交換手段であるお金は〝動かす〟もの

お金は、単なる交換手段です。

けれども、あなたたちが定めたお金の定義のせいで、それを忘れがちなのです。

だから、みなさんの関心はお金を「持っているか」、「持っていないか」ということだけに向いてしまっています。

お金は交換手段であるという本来の役割を思い出せば、持っているか、持っていないか、にフォーカスするのではなく、「流すこと」にフォーカスがいくはずです。

やりたいことを存分にやるために、

また、お金や豊かさを象徴するすべてのものをふやすためには、自分を通してその交換手段を流さなくてはなりません。

お金を「動かす」ということです。

お金をたくさん持っている人は、お金を「持って」いるのではなく
お金というエネルギーを、自分を通して交換しているのです。
ただ、お金にしがみついているのではなくて。
お金は交換手段なので、常に何らかの形で絶えず動いてなければなりません。
「動いている」ことがカギになります。

お金に対する態度や扱い方が静的になったとたん、その量は減っていきます。
お金との関係や態度は、静的ではなく、動的でなければならないのです。

（未来は、えらべる！P112〜114）

Ken's Lesson

Basharule《バシャールール》 17

「あなたが与えるものが、得るものになる」という法則を覚えていますか？

これはお金にも言えることです。

あなたがお金をこの世界に与える、つまり、あなたがお金を動かせば動かすほど、豊かさが戻ってくるのです。

もちろん、お金では計算できない体験も豊かさのひとつです。

本当の豊かさとは、お金を貯め込むことではなく、ワクワクしながらお金を動かすことで得られる体験のことを意味します。

バシャールのワクワク・カウンセリング⑦

“お金を儲けたい”“有名になりたい”欲がらみのワクワクは波動が低くならないの？

Q：通常の人間が持つ情熱やワクワクは、大抵欲がらみであることが多いと思います。たとえば、「お金が儲かる」「有名になる」「偉くなる」「権力を持つ」、などというような気持ちに従って行動すると、人間としての波動を下げてしまうのではないですか？

B：自分がどんな信念を持っているのかを探求していかなければ、そうなる可能性はあります。
けれども、もし、ワクワクを行動に移すと同時に、自分が何を信じているかを探求し、ネガティブな信念を変容させていくなら、罠にはまらないですむでしょう。
ワクワクをする気持ちに従って行動していくと、ほぼ自動的に自分自身の信念に直面せざるをえないような状況に身を置くことになります。
そして、本当の自分自身と整合性がない信念は、変えるチャンスを与えられるのです。

ですから、もし自分の信念を見るのを怖れるような信念を持っていたら、その人はネガティブな選択をしてしまうかもしれません。
しかし、自分の信念を見るのを怖れなければ、自分にはいつでも好ましい選択、ポジティブな選択ができることがわかるでしょう。

つまり、「ワクワクを行動に移す」というアイディアには、
「ワクワクを行動に移すと、ネガティブな信念に気づくことがあり、
それを変えることによって
ワクワクのエネルギーがより高まる」というアイディアも含まれているのです。

（バシャール　坂本政道 P215～217）

本当の豊かさとは？

生き方やライフスタイルも多様化する今、すでに本当の豊かさがお金だけではないと気づいている人も増えてきています。

例えば、本当の豊かさは、家族やパートナーとの絆、自然の中で健康的に生きること、好きなことだけして暮らすこと、あまりモノを持たずにシンプルな暮らしをすることなど……。

さて、あなたにとっての成功や豊かさとは何でしょうか？

Ken's navigation

自分の夢を実現するために、
誰もが百万長者になる必要はないのです。

（バシャール　坂本政道Ｐ227）

自分がやりたいときに、
やれる能力があればあなたは成功しています。
マル。おしまい。

（未来は、えらべる！P40）

豊かさはお金だけじゃない

豊かさはお金かもしれません。
でも、お金である必要はありません。
お金は、この惑星上で豊かさを得るひとつの道具です。
豊かさが一番抵抗のない方法で入ってくることを、
自分に受け入れてあげてください。
豊かさにはたくさんの形があります。

（BASHAR①P110・BASHAR③P243）

貧しい人生を選ぶ人もいる

人によっては、わざと貧困の人生を選んで、それによってお金持ちや、もっと豊かな人を自分のまわりにひきつけることをします。

また、お金持ちに助けさせることによって、今度は逆に貧乏な人達が精神的なものをお金持ちの人に与えたりすることもできます。

このような形でもバランスが保たれるのです。


（BASHAR②P184）

物質的なものもスピリチュアル

物質的な現実は、スピリットでできています。
すべての物質は、あなたの意識の現実化であって、
あなたの意識からできているのです。
あなたの投影なのです。
物質を愛することは、非常にスピリチュアルなことでもあるのです。
あなたが物質的な世界にいて、その世界で機能しているからといって
それが魂の障害になるわけではありません。
あなたが物質をどのように見るか、
それが魂にとっての防護壁になります。
邪魔になるわけではありません。

（BASHAR②P140）

Ken's Lesson

Basharule《バシャルール》 18

お金は交換のための道具にすぎない、
ということに気づくことから、本当の
豊かさは始まります。

なぜならば、お金よりも、交換する“もの”
の方が大事だとわかるからです。

それは、物質的なものだけでなく、時
間や体験、環境であったりもします。

それらが豊かさそのものなのです。

時にはその道具が少なくても、豊かさ
は感じられるものです。

お金という道具に支配されすぎないこ
とも、豊かさへのひとつの秘訣です。

バシャールのワクワク・カウンセリング⑧

理想的なパートナーを引き寄せたいどうすればいいの？

Q：社会的地位と財産があって、将来性のある男性と結婚したいと思っているのですが……。

B：あなたの未来はどうなるのですか？
あなた自身はどうなのですか？
あなたは誰ですか？
あなたの感動はどうなのでしょう？
そういう人を呼び寄せられる波動ですか？
あなたのその考えと、自分の波動が同じになっていますか？

あるいは、あなたの波動がそれ以下で、
そういう人に面倒をみてもらわないといけないない波動なのですか？

別にあなたを軽蔑しているわけではありません。
自分自身のことを学ぶためではなくて、そういう人を引きつけるためにだけ
あなたは学んでいるのですか？

Q：はっきりいってそうです（笑）。

B：大胆に、正直になってくれてありがとう。
わかって欲しいのは、自分自身が完全な存在だということを知ることによって、
完全な存在を引きつけることができる、ということです。
その相手が自分にとって必要だと思うとき、
一生懸命、自分自身は完全ではないと言っていることになります。
自分が完全ではないと思うなら、

やはり自分は完全ではないと思っている人を引きつけることになります。
ですから、自分が個人として、こんな風になりたいと思っている人になれば
その反映として、より簡単に自分が望むような人を引きつけられます。
わかりますか?

（BASHAR⑤ P64～66）

Ken's navigation

運がいい、悪いってあるの？

ワクワクのルールに従えば、誰もが豊かになれる、ということはわかったものの、それでも気になるのが、運の良し悪しではないでしょうか。

やはり、この世の中には運のいい人と悪い人がいるように思えるからです。

また、それぞれの人生の中で上がったり、下がったりと巡ってくる運気が気になる人も多いはずです。

ここでは、バシャールに〝運〟について語ってもらいましょう。

運がいい、悪いなどはない

いいも悪いも、運というもの自体がないのです。
人間が考えているような幸運・不運が、
ふってわくようにやって来ることはないのです。
運ではなく、シンクロニシティに
「ポジティブなもの」と「ネガティブなもの」があるのです。

（未来は、えらべる！P77）

リラックスしていれば、チャンスを逃さない

Q：チャンスを逃す、という心配はしないでいいんですね？

B：しない、しない、しない。

本当のことを言えば、心配することによって、そういうチャンスが自分のところに入ってくることを長引かせています。

けれども、不思議なことに、リラックスして心配しなくなると、より早くそのチャンスがやってきますし、チャンスが来たときに見過ごしません。

はっきりとわかります。なぜならばリラックスしたとき、自分の中心はちゃんと中心にあって、意識も非常に冴えているからです。

そういう時には、何も見過ごすことはありません。

（BASHAR①P179）

Ken's Lesson

Basharule《バシャルール》 19

「そもそも“運”というもの自体がない」と、バシャールは言います。

それだけで、「ラッキー！」と思えた人も多いのではないでしょうか（笑）。

「自分はツイてない」「運が悪い」と言う人は、単にネガティブなシンクロニシティが続いているだけなのです。でも、もう大丈夫です。何しろ運などないのですから。

これが本当の意味でわかったときから、あなたは自分の運命の創造主になれるのです。

バシャールのワクワク・カウンセリング⑨

占いで1年後に死ぬといわれた私 どうすればいいの?

Q：占いというものがあるのをご存知ですか?
ある占い師に、私の命があと一年しかないといわれてしまったのですが……。

B：ちょっと待ってください。
未来の予言というものは、存在しません。
未来の予測を感じることはできます。
その占い師は、あなたの「今」のエネルギーを感じているのです。
ただそれは、「本当にそのエネルギーを感じていれば」の話です。

よく、自分のエネルギーをその人のエネルギーに混ぜてしまう人がいます。

占う人のエゴや観念で、現在の波動に色づけをしてしまうことがよくあります。

エネルギーを感じるとき、その人自身の翻訳になり、その人の解釈が加えられることがあるのです。

もし、それらがなかったとしても、現在においての方向性しかわかりません。

今のエネルギー状態が続いて、それが変化をしないままその方向に進んでいったときに、今予言したことが起きやすい、ということです。


でも、エネルギーが変わればその予言はまったく役に立ちません。

もしあなたが、今の自分のエネルギーが嫌だったら、今こそそれを自分の望む方向に変えるいいチャンスなのです。

死を感じるとき、それは実際の死というよりは、大きな「変化」「変革」であることも多いのです。

この解釈を知らないとき、それを文字通り受け取ってしまう人がいるのです。


（BASHAR⑤ P200〜202）

バシャールのワクワク・カウンセリング⑩

ワクワクして買う宝くじが当たらないどうして？

Q：ワクワクして生きていこうと宝くじを買いました。
特に、「私は宝くじを買った。なぜならば、当たるから」
というバシャールの言う方程式の考え方で買っているのですが当たらない（笑）。
これはどういうことですか？

B：まず、「この行動をしたからワクワクする」というものではなく、
「この行動そのものがワクワクする」ものであるべきです。
つまり、「宝くじを買ったからワクワクする」ではなく、

「宝くじを買うことそのものがワクワクする」ということです。

その上で、もしあなたが、自分は豊かであるというエネルギーの中で、
期待なしに、毎瞬毎瞬、一番ワクワクすることを行うなら、
豊かさは何らかの形であなたのところにやってくるでしょう。

でも、宝くじを買った瞬間、それがお金になるかどうかは忘れてください。
そして、次に一番ワクワクすることに移ってください。
そうすることで、あなたは、
豊かさが最も簡単にやってくるドアを開けたことになります。
なぜならば、宝くじを買うことが
一番簡単に豊かになる方法かどうかはわからないからです。
例えば、誰かがいきなり現れて、あなたに必要なものをくれるかもしれません。
すると、お金は必要なくなります。
だから、豊かさがどのようにやってくるか、その形は期待しないでください。

なぜならば、期待を手放すとき、あなたは本当に豊かになるからです。

Q：要するに、期待しない、ということですね。

B：そうです。それが本当の豊かさです。
なぜならば、何にも執着していないからです。
何にもとらわれていないからです。
何かに執着しているということは、
「やってくる豊かさの形に制限をつけている」ということになるのです。
豊かさがやってくるドアはたくさんあるのです。
「ワクワクする気持ちから行動をとったら、
思いがけない方向から豊かさがやってくるかもしれない」
と思う方が、もっとワクワクしませんか？
人生は、いつも完璧に機能しているものです。
ですから、豊かさがやってくることを許せば、あらゆる形であなたのところに豊かさがやってくるのです。
言っておきますが、
あなたの宝くじが当たらないと言っているのではありませんよ（笑）。
（BASHAR⑧ P181～189）

未来のお金・経済のカタチ

未来のお金、そして経済のカタチは、バシャールの目にはどう映っているのでしょうか？

そしてこれから、私たちはお金とどう付き合っていくべきなのでしょうか？

バシャールから見た、世界の未来はどんなものなのか、聞いてみましょう。

Ken's navigation

地球の人々が搾取することをやめれば、
最終的には「人そのもの」を基盤にした
新しい制度がつくられます。
お金やモノが基盤となった
今の制度のかわりに。

（未来は、えらべる！ P181）

「経済危機」と呼ぶかわりに、
「経済的チャレンジ」と呼ぶことをおすすめします。
「危機」と定義してしまうと
危機として体験することになるからです。
「チャレンジ、挑戦」と定義すると、
出口をつくることができます。

（未来は、えらべる！　P174）

高次とつながれば、豊穣の時代が到来

この惑星のほとんどの経済制度が、
「全員に行き渡るのには不十分である」
というコンセプトをもとにしてつくられています。
ですから、今の制度を存続させていくためには、
「全員に行き渡るには不十分である」、
そして、「世の中には豊かな人と貧しい人がいる」
という考え方を常に強化し、維持していかなければありません。

しかし、みなさん一人ひとりが
「限りなく豊かで、必要なものをすべて持って」いて、
「宇宙が全員を無限に、等しく支えてくれている」ことに気づけば、
当然、このような違いは必要なくなります。

高次の意識とつながり、
新しい形のエネルギーにアクセスできるようになれば
あらゆるものが、全員に有り余るほどあるのだ、ということがわかります。
一人ひとりがやりたいことをするのに十分なものが、全員に行き渡り、
やりたいことができるようになります。
そして、地球ともまわりの人たちとも完全なバランスを保ちながら、
それぞれのやりたいことができるようになっていきます。
すると、多くの人が新しい生き方を始めることになります。
必要なときに、必要なだけ、必要なものを
シンクロニシティで引き寄せるようになっていきます。

（未来は、えらべる！P186～187）

お金は豊かさのシンボルでなくなる

貨幣のシステムはしばらく続きますが、
豊かさに対する定義は変わってゆくでしょう。
「自分がしたいことをするために、
必ずしもお金というシンボルを使う必要はない。
その他の方法もあるのだ」とわかってくるのです。
また、技術が発展し、無限のエネルギーを使うことができるようになると
貨幣システムのアイディアは今ほど必要なくなっていきます。
そうなると、お金が豊かさのシンボルである必要はなくなります。
未来のグローバル社会において、お金はそれほど必要でなくなっていきます。
ただ、貨幣のシステムは、
交換手段のひとつとして個人レベルでは維持されていくでしょう。
なぜならば、交換のシンボルとしての貨幣のアイディアは便利だからです。

ただ単に、物と物を交換する流れをスムーズにするために、
今しばらくは、お金というシステムは続いてゆくでしょう。
（BASHAR2006 EXTRA P17）

ゆくゆくはお金を使わない社会に

今後、普遍的な交換媒体というものを作りだしていくことになります。
あと二十~三十年もすると、
そのような普遍的な交換媒体が出て来るでしょう。
けれども、私たちの社会は、
ゆくゆくは交換媒体をもまったく使わなくなると思います。
つまり、一個人が個人や社会に対して奉仕をする
というような形になるのだと思います。

(BASHAR②P31)

奉仕するほど豊かになれる

来るべき社会の経済活動は、
人々が持っているスキルや能力の交換を中心に行われるでしょう。
つまり、為替のように何も実体のない人工的な取引ではなくなる、ということです。
個人個人が自分の心から望むことをする社会になると、
その人がつくったモノやスキル、才能、またはサービスを
他の人が同じように喜びを持ってつくったモノや
サービス、スキル、才能と交換するようになるのです。
そのようにして社会が拡大していきます。
言い換えれば、どんな人でも、社会に貢献している人は
必要なものを自動的に受け取り、使うことができる社会システムです。

人々に奉仕をする、サービスを提供するというのは
豊かになるためのもっとも簡単な方法です。

Ken's Lesson

Basharule《バシャルール》 20

お金という交換ツールを私たちが使う時代は、もうしばらく続きそうです。そして、それがいつまで続くかは、私たちの意識の持ち方次第のようです。


一人ひとりが、すでに限りない豊かさを手にしているのだ、ということに気づくことで豊かさの定義が変わっていきます。

お互いが喜びの中で才能やサービスを交換し合う、本当の意味での豊かな時代を待つ必要はありません。

今、あなたがそう望めば、自分からそういう生き方を選択できます。

ワクワクは確実に実現する

Ken's navigation

私たちの世界では、〝必ず効果がある〟〝確実に叶う〟などの確約、約束の表現を避けがちですが、バシャールは違います。

ことワクワクに関しては、「ワクワクは確実に実現する」と言いきってくれるのです。

目を覚まして、そして夢を見てください。
目を覚まして、そして自分の見たい夢を
見てください。
そして、本当に興奮に満ちた人生を
送ってください。

（BASHAR① P126）

ワクワクが具現化するプロセス

あなたは、物質的な現実の中に生きているので
情熱のエネルギーは、
体を使って行動することでグラウンディングされていきます。
電気回路を設置するように回路が完結して、
エネルギーがあなたの中を通り、
物質的な現れの中に流れ込むのです。

情熱やワクワクによって象徴される非常に高い波動、振動を感じたとき、
それを行動に移すことによって、
①エネルギーが流れ込む↓②体を通る↓③物質的な実現化の中へと入っていく、
というプロセスが始まります。
体に流れ込み、体を通り、そして体から物質的な現実へと表出する、ということですね。

（バシャール　坂本政道 P212）

合図はシンクロニシティ

ハイヤーマインド（宇宙の叡智につながる自分の中の高い意識）と
フィジカルマインド（顕在意識、思考、頭やロジックで考えること）の
バランスをとることが大事です。
2つのマインドのコミュニケーションがとれていて、なおかつ、
それぞれが適切な仕事をしているとき、エネルギーが調和しているので
簡単に周波数をシフトさせて、
自分の望む形をつくりだすことができるのです。

この2つのマインドのバランスがとれているかどうか、わかる方法があります。
それは、シンクロニシティの現象です。
シンクロニシティは、「2つのマインドが調和してきましたよ」
「バランスがとれていますよ」というサインなのです。

（バシャール　スドウゲンキＰ119）

すべては完璧に流れる

あなたが本当の自分になったとき、
人生は努力なしに自然に流れていきます。
愛と創造性、シンクロニシティ（共時性）の中で。
あるべき場所に、あるべき時間にいて、必要な人々とかかわっていると感じます。
人生がオーケストラのように調和していると感じます。
すべてが偶然でなく、完璧なハーモニーの中で流れていることがわかります。
そして、そのような状態のときは、どんなことを目にしても、
常にそれらを肯定的な経験として取り入れることができます。
自分が何をしていても、まわりの人が何をしていてもです。

（BASHAR⑦P49）

今に生きると世界も輝く

今に生きることです。
あなたが、今に生きれば生きるほど、
あなたはそのエネルギーの輝きをまわりの世界に放ちます。
そうすると、人々もその波動に気づきやすくなり、
それは可能なんだ、と思えるようになるのです。

（バシャール　スドウゲンキ P161）

現実を変えるカラダのメカニズム

根本的なエネルギーを変化させると、
実際に肉体にも変化を起こすことになります。
まずは、スピリットとしての「電磁気的なエネルギーの波動」が変わります。
それが変わることで、肉体の電磁気的なエネルギーの波動が変わります。
そして、それによって、神経系統の波動も変わります。
脳や体の神経系統の道筋を変えると、
体の組織が細胞レベルから変わっていきます。
肉体の波動や組織をあらゆるレベルで変えると、
経験している現実の波動も変えることになります。

（BASHAR2006 P16）

100%の保証つき

自分の夢やワクワクすることを実際に行動に起こし始めたら、
それは必ず実現化します。
私は100%保証します。
約束します。

（BASHAR GOLD P195）

Ken's Lesson

Basharule《バシャルール》 21

バシャールが「ワクワクは確実に叶う」と約束してくれるのは、とてもうれしいことですが、ただのリップサービスではありません（笑）。

電磁気的なエネルギーを帯びている人間としての物理的なメカニズムでもあるのです。あなたの波動が変われば、現実も変わるのです。

ほら、「ワクワクは確実に叶う」というこのフレーズを聞いただけで、もうあなたの波動はワクワクしたものに変わってきています。

Ken's navigation

無条件の愛を生きる

豊かさを自分の望む通り、欲しいままに、自由に、限度なく受け取っていい、というメッセージと共に、バシャールは、無条件の愛を私たちに送ってくれています。

いいえ、バシャールからすれば、私たち自身の存在が宇宙からの贈り物であり無条件の愛そのものだというのです。

ですから、そんな私たちが愛と豊かさにあふれた人生を送れないはずはないのです。

すべてのものが、
ただ愛から創られています。

（BASHAR① P182）

無条件の愛とは、
絶対の価値観を理解することであり、
内面的にも外面的にも、すべてのレベルにおいて
自分が価値のある人間だということを
認めることなのです。

（BASHAR②P20）

ワクワクは愛の行動

ワクワクするということは、愛の行動です。
自分を愛しているからこそ、それができるのです。
宇宙は愛です。
あなたは愛です。
ワクワクすることによってあなたは無償の愛を経験し、
それをまわりに広めることができます。

(BASHAR① P249)

愛は無条件、無制限に送られている

自分を変えよう！　という気持ちが出てきたとき、
あなたはすごいエネルギーを使って、
あたかも宇宙に波が拡がるように創造できます。
そんなすごい力を持っています。
ですから、私があなたにあげようとしている愛を
全部受け取る価値があるということを認めてください。
私たちの愛は、無条件であなた方のところに届いています。
無制限に愛を送っています。
あなた方は贈り物なのです。

（BASHAR① P45）

「大いなるすべて」こそが無条件の愛

平和、喜び、バランス、ハーモニー、そして情熱の波動こそが
「大いなるすべて」です。
そして、この「大いなるすべて」が持つ特有の波動こそが
「無条件の愛」と呼ばれているものなのです。
それ以外のものは、無条件の愛の波動を
自分の観念というフィルターを通して経験しているにすぎません。
（BASHAR2006 P29）

みんな、価値ある存在

私たちがみなさんを信じているのと同じくらい、
強く自分自身を信じてください。
しなければならないのは、それだけです。
みなさんは、「大いなるすべて」の無条件の愛とサポートを
受け取るだけの価値がある存在です。
価値がある存在でなければ存在しているはずがないからです。

（バシャール　スドウゲンキ P210）

最高の幸せは尽くすこと

最高の幸せは、全体のために尽くす時、
全体のためのサポートになっている時に感じるのです。
なぜなら、その時には、
同時に全体から自分も尽くされサポートされるからなのです。
（BASHAR② P282）

本来の自分になると、世界も調和する

すべての人が本来の自分自身（natural self）であるときには、
自然と他の人と調和が保たれ、みんなと調和することができます。
そのとき、この世界は完璧なタイミングのダンスになります。

（バシャール　スドウゲンキ Ｐ72）

無条件の愛から無条件に愛されている

この世界で、唯一リアルなものが「無条件の愛」です。
「無条件の愛の波動」だけが唯一の本当の現実なのです。
皆さんは、無条件の愛によって、本当に無条件にサポートされています。
（BASHAR2006 P32）

あなたの存在そのものが、愛

皆さんは一人ひとりが、真に、存在の、無条件の愛のパワーそのものです。
創造とその中で起きるすべての変化の源となるのが、無条件の愛です。
皆さん一人ひとりが、その愛そのものなのです。
これは単なる哲学ではありません。
たとえ話でもありません。
皆さんは、本当に、無条件の愛の種なのです。
皆さんが、内側から未来に向かって花を咲かせるとき、
皆さんの惑星は素晴らしい花園となるでしょう。

最後に皆さんに3つの「G」を贈りたいと思います。

皆さんの言葉で、

「God Bless You(神の祝福がありますように)」

「Good Day(ごきげんよう)」
「Go!(さあ、早く始めなさい!)」

(BASHAR⑥P201〜202・P206)

Ken's Lesson

Basharule《バシャールール》 22

「無条件の愛を生きる」という言葉は、とても壮大すぎて逆にピンと来ない人もいるかもしれません。けれども、それは簡単に言えば、あなたがこの人生において、あなただけが持って生まれたワクワクを喜びの中で活かしきる、ということに尽きるのです。

それが、あなた自身に、そしてこの世界に豊かさをもたらす、ということなのです。

あとがき

本書を最後まで読んでくださって、ありがとうございました。

私の想像通りであれば、今、あなたは、いろいろなことにワクワクしはじめたところなのではないかと思います。また、これからの自分の可能性にワクワクしたり、忘れていた情熱を思い出しつつあるかもしれません。そして、あなたなりに自分の豊かさについてビジョンが浮かんできたり、また、あなたにとってのお金が持つ意味などについても、なんとなく具体的になりはじめたのではないでしょうか？

この本には、どのページにも、あなたの人生を大きく変える力があります。なぜならば、そこに書かれているメッセージには、あなたの中にあるワクワクのエネルギーを呼び覚ます力があるからです。この本を読み終わった今、自分ではすっかり忘れていたものや、想像もしていなかった意外なものにワクワクしてきたかもしれません。けれども、そんなワクワクも、あなたがそれに力を与えなければ、すぐにしぼんでしまうのです。

例えば、まだ小さかった頃、あなたが何かに夢中になってワクワクしていたときに、突然、両親から「勉強しなさい」「調子に乗っていたらいけませんよ」などと言われたことはありませんか？　その瞬間、それまでせっかくワクワクしていたことを中断し、それ以来、そのワクワクを自分の中に閉じ込めてしまったような苦い思い出は誰にもあるはずです。でも、もうこれ以上、あなたの中に芽生えはじめたワクワクの種をあなた自身が摘み取らないようにしてください。ワクワクを打ち消してしまうのは、たいていの場合、本人なのです。まわりの人がどれだけ反対しても、あなたさえしっかりしていれば、あなたのワクワクの炎は、一時的に小さくなっても、消えることはありません。

あなたの人生には、動き出したいと感じている何かがあるはずです。それは長い間ずっとあなたの中の奥深くでじっと待っていました。あなたが書く本、歌う歌、作る料理に描く絵……。いろんなものが世の中に出るのを待っています。人によっては、もう何十年も待っているはずです。そのくすぶっている、小さなワクワクの炎を、そろそろ表に出して、キラキラと輝く大きな炎にしてあげませんか？

私自身も、「何かを表現したい」ということをずっと考えていたのに、本格的にそれが実現できるようになったのは、34歳の頃からです。これまでに何十冊もの本を書いていることを考えると、それまでも創作する情熱はずっとあったはずですが、その想いは34年間封印されていたのです。そして、ついに自分のワクワクが解き放たれたときの解放感は、言葉では言い表せません。そのときの気持ちは、今でも静かなワクワクとして自分の中に残っています。

さて、あなたの中には、何が眠っているのでしょうか？

そしてそれは、どのタイミングで出てきたいと言っているでしょう。

あなたのワクワクをぜひ追いかけてください。それが、どんなに小さなことでもかまいません。きっと、それが何かにつながっていきます。そして、その何かがあなたに、あなたが望むだけの豊かさを導いてくれるはずなのです。なぜならば、豊かさは、あなたがあなたである、という証でもあるからです。

八ヶ岳の書斎にて　　本田健

バシャール (Bashar)
ダリル・アンカがチャネルする宇宙存在。1987年の初来日以来、「ワクワクすることをして生きよう」をはじめとする斬新で真理をついたメッセージは、多くの日本人の生き方に影響を与え、シリーズ累計は200万部を突破。

本田　健 (Ken Honda)
神戸生まれ。経営コンサルティング会社など複数の会社を経営する「お金の専門家」。独自の経営アドバイスで、今までに多くのベンチャービジネスの成功者を育ててきた。現在は「お金と幸せ」をテーマに、セミナーや講演会などを不定期に行う。

バシャールとの対談『未来は、えらべる！』（ヴォイス刊）は、10万部越えのヒットとなる。『ユダヤ人大富豪の教え』『20代にしておきたい17のこと』(大和書房)、などの著書シリーズは全てベストセラーとなっており、累計発行部数は600万部を突破。

ダリル・アンカ (Darryl Anka)
バシャールとの合意のもと、1984年以来、世界各地でチャネラーとして活躍。現在は、ロサンゼルスを中心に活動中。ハリウッドの映画産業を担う、特撮デザイナーでもある。

本書は、
小社既刊書籍「バシャールシリーズ」から
言葉を抜粋して再度編集したものです。

『BASHAR①〜⑧（バシャール・ペーパーバック①〜⑧）』
『BASHAR GOLD（バシャールゴールド）』
『BASHAR 2006（バシャール2006）』
『バシャール スドウゲンキ』
『バシャール 坂本政道（バシャール×坂本政道）』
『未来は、えらべる!（未来は、えらべる! バシャール 本田健）』

バシャールのワクワクの使い方・実践篇

2014年8月6日　第1版第1刷発行
2022年4月27日　　　　第4刷発行

著　　　　者　ダリル・アンカ
訳　　　　者　本田健
編　　　　集　西元啓子
装幀・本文デザイン　今東淳雄
発　行　者　大森浩司
発　行　所　株式会社ヴォイス
〒106-0031 東京都港区西麻布3-24-17　広瀬ビル
☎ 03-5474-5777（代表）
📠 03-5411-1939
www.voice-inc.co.jp
印刷・製本　株式会社光邦

ISBN978-4-89976-421-2 Printed in Japan